Sozialwirtschaft

Die Leuphana Case Studies sind ein Projekt, das in Zusammenarbeit mit kleinen und mittelständischen Unternehmen erstellt und entwickelt worden ist. Sie sind ein Lehrbuch, mit dessen Hilfe Unternehmen, die vor ähnlichen Herausforderungen stehen, selbige bewältigen können. Dafür ist keine Hilfe von Dritten notwendig. Auf Grundlage der einzelnen Case Studies werden den Bearbeiterinnen und Bearbeitern elementare Werkzeuge aus der wissenschaftlichen Theorie erklärt. Diese können sie anwenden, um mit den Insiderkenntnissen des eigenen Unternehmens Prozesse zu optimieren, Ziele entwickeln und erreichen oder schwierige Herausforderungen zu bewältigen.

Eva van Hueth · Prof. Dr. Lutz Schumacher ·
Wolf Paschen · Max Kuchenbuch

Sozialwirtschaft

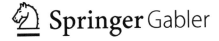

Eva van Hueth
Case Studies
Leuphana Universität Lüneburg
Lüneburg
Deutschland

Prof. Dr. Lutz Schumacher
Case Studies
Leuphana Universität Lüneburg
Lüneburg
Deutschland

Wolf Paschen
Case Studies
Leuphana Universität Lüneburg
Lüneburg
Deutschland

Max Kuchenbuch
Case Studies
Leuphana Universität Lüneburg
Lüneburg
Deutschland

ISBN 978-3-662-54005-3   ISBN 978-3-662-54006-0   (eBook)
DOI 10.1007/978-3-662-54006-0

Die Deutsche Nationalbibliothek verzeichnet diese Publikation in der Deutschen Nationalbibliografie; detaillierte bibliografische Daten sind im Internet über http://dnb.d-nb.de abrufbar.

Springer Gabler
© Springer-Verlag GmbH Deutschland 2017

Springer Gabler ist Teil von Springer Nature
Die eingetragene Gesellschaft ist Springer-Verlag GmbH Deutschland
Die Anschrift der Gesellschaft ist: Heidelberger Platz 3, 14197 Berlin, Germany

Vorwort des Herausgebers

Im Rahmen des Innovationsinkubators wurden von 2009 bis 2015 Mittel der Regionsförderung der Europäischen Union für die Leuphana Universität Lüneburg bereitgestellt, um in der Region Lüneburg und darüber hinaus, dem sogenannten „Konvergenzgebiet", regionale Entwicklung voranzutreiben.

Eine geförderte Maßnahme aus dem Maßnahmenbündel des Innovationsinkubators war die Erarbeitung der Leuphana Case Studies.

Die Wissenschaft und die Wirtschaft zusammenzubringen, war die Intention der Teilmaßnahme 1.5 Case Studies. Gemeinsam mit Kooperationspartnern aus dem Konvergenzgebiet wurden zwölf Case Studies zu spezifischen Herausforderungen der Region erarbeitet. Die Themenfelder sind dabei sehr unterschiedlich und reichen von Fragen des Nachhaltigkeitsmanagements, über das Veranstaltungs- und Kulturmanagement im ländlichen Raum, bis hin zu Fragen der Vernetzung von kleinen und mittelständischen Unternehmen.

Dabei wurde das Konzept Case Studies mit den Leuphana Case Studies weiterentwickelt. Diese bestehen nicht nur aus einem mehrseitigen Fallstudientext, der dann bearbeitet wird. Die Leuphana Case Studies beinhalten ein didaktisches Konzept, mit dem den Bearbeiterinnen und Bearbeitern der Case Studies die Werkzeuge zur Lösung ihrer Herausforderungen vermittelt werden. So können die Case Studies von Unternehmen in vergleichbaren Situationen eingesetzt werden. Mit Hilfe des didaktischen Konzepts der Case Studies kann aus dem Wissensschatz der Mitarbeiter eines Unternehmens eine Lösung für eine Herausforderung erarbeitet werden. Sie entstand in der Professional School in Zusammenarbeit mit dem Weiterbildenden Studiengang Sozialmanagement. Die Fallstudie spiegelt in weiten Teilen reale Entwicklungsprozesse wider. An einigen Stellen wurden die Darstellungen didaktisch überarbeitet.

Wir danken der AWO Bremerhaven für die größtmögliche Unterstützung bei der Erstellung dieser Fallstudie. Sie erfolgte in einer nicht selbstverständlichen

Offenheit der Reflexion des eigenen institutionellen Handelns. Ohne die engagierte Bereitschaft vieler Beteiligter für Interviews, Stellungnahmen, Hintergrundgesprächen hätte diese Studie nicht entstehen können.

Christoph Kleineberg

Vorwort der Autoren

Im Sozialbereich hat es zahlreiche Veränderungen der gesetzlichen Rahmenbedingungen gegeben. So wird verstärkt auf Konkurrenz gesetzt und der bisher stark reglementierte Bereich wird zunehmend freier. Dadurch steht die AWO Bremerhaven vor der Herausforderung, sich mit ihren Angeboten und Strukturen grundlegend zu verändern und neu zu positionieren. Deshalb thematisiert die Case Study, wie so eine strategische Neuausrichtung aussehen könnte. Dazu werden Werkzeuge vorgestellt, mit denen Unternehmen ihre erfolgversprechende Position im Markt bestimmen können. Außerdem werden Themen wie die Vertriebsanalyse im Bereich der Sozialwirtschaft, die Bedeutung der Unternehmenskultur und die Erstellung eines Businessmodells thematisiert.

Eva van Hueth, Prof. Dr. Lutz Schumacher, Wolf Paschen,
Max Kuchenbuch

Inhaltsverzeichnis

Abbildungsverzeichnis

Tabellenverzeichnis

Einleitung

1

Eva van Hueth, Prof. Dr. Lutz Schumacher, Wolf Paschen,
Max Kuchenbuch

Im Jahre 1992 stand der Wohlfahrtsverband AWO Bremerhaven finanziell mit dem Rücken zur Wand. Fehlentscheidungen des Managements hatten zu einer akuten Liquiditätskrise geführt. Die umgebenden Veränderungen in der Sozialwirtschaft und die daraus gewachsenen neuen Anforderungen waren zu lange von dem Kreisverband der freien Wohlfahrtspflege in Bremerhaven verdrängt worden. Es drohte die Insolvenz.

20 Jahre später ist die AWO Bremerhaven der größte Anbieter sozialer Dienstleistungen in der Region Bremerhaven und genießt den Ruf, eine hohe fachliche Qualität, Innovationskraft und wirtschaftliche Stärke zu verbinden. Im Zeitraum von 1992 bis 2010 entwickelt sich die AWO mit einem Gesamtumsatz von 39,5 Mio. € so zum sozialwirtschaftlichen Marktführer in der Region Küste.

Nachdem die seit 1981 mäßigen Erträge des Vereins 1992 in einer existenzbedrohenden Liquiditätskrise mündeten, wurden tiefgreifende Veränderungsprozesse in Angriff genommen. So wurde eine neue Organisationsform gewählt. Aus dem großen Sozialverband wurde die AWO mit genossenschaftlichen Mitbestimmungsstrukturen. Das führte die nun stärker betriebswirtschaftlich agierende Organisation 2009 hin zu einem Jahresüberschuss von 340.000 € bei einem Höchstumsatz von 39,8 Mio. €. Als Muttergesellschaft von verschiedenen, auch überregional agierenden Tochterunternehmen und als Begründerin vielfältiger, auch internationaler Netzwerke und Kooperationen, wuchs die AWO Bremerhaven von einem traditionellen Verein mit 600 Mitarbeitern zu einem der größten Kreisverbände der AWO mit über 1400 Mitarbeitern.

E. van Hueth (✉) · L. Schumacher · W. Paschen, · M. Kuchenbuch
Case Studies, Leuphana Universität Lüneburg, Lüneburg, Deutschland
e-mail: case-studies@leuphana.de

© Springer-Verlag GmbH Deutschland 2017
E. van Hueth et al., *Sozialwirtschaft*,
DOI 10.1007/978-3-662-54006-0_1

20 Jahre nach dieser grundlegenden Neuausrichtung ist die AWO Bremerhaven erneut herausgefordert. Die zunehmende Dynamik der Umwelt, kaum vorhersehbare Änderungen von Rahmenbedingungen erfordern eine kontinuierliche Überprüfung der eigenen Aktivitäten, um Risiken aber auch Chancen frühzeitig zu erkennen und angemessen auf sie reagieren bzw. agieren zu können. Die Geschäftsführung und der Vorstand haben die Innovationsfähigkeit der AWO Bremerhaven in den letzten Jahrzehnten kontinuierlich weiterentwickelt. Gleichzeitig mussten die wirtschaftlichen Risiken kalkulierbar bleiben. Die Sicherung des wirtschaftlichen Erfolgs und das Risikomanagement, sowie die Gewährleistung hoher-fachlicher Qualität, sind gerade in den letzten Jahren die zentralen Ziele der Organisation.

Die Entwicklung der letzten Jahrzehnte ist durch einen Wechsel von Phasen der Expansion und Innovation mit Phasen der Konsolidierung gekennzeichnet. Jetzt besteht die Herausforderung darin, Innovation und Risikominimierung beständig in einer Balance zu halten. Strategisch bedeutet das:

- die marktführende Stellung im Wettbewerbsumfeld und die Produkt- und Dienstleistungsqualität zu sichern,
- kompetente und innovationsfreudige Mitarbeiter und Führungskräfte als Erfolgsgaranten von Diensten, Projekten und Einrichtungen zu gewinnen und zu binden, d. h. auch die Arbeitgeberattraktivität in der Öffentlichkeit und der Region Küste weiter zu steigern,
- ehrenamtliches Engagement als wertorientierte Grundlage und betriebswirtschaftlichen Faktor bei der Erbringung von sozialen Dienstleistungen auszubauen,
- die Modernisierung und Konsolidierung der Unternehmensinfrastruktur – in Form einer auf die zukünftigen Bedürfnisse ausgerichteten IT-Strategie als Grundlage von homogenen Fachanwendungen und Prozessen eines zentralen Unternehmenscontrollings – in allen Gesellschaften fortzuführen,
- die traditionelle Risikoüberwachung (Ex-post-Monats- und Jahresabschlüsse) durch ein strategisches Risikomanagement zur frühzeitigen Erkennung und Gestaltung der unternehmerischen Erfolgs- und Risikofaktoren abzulösen,
- Umsetzung eines Fort- und Weiterbildungskonzeptes für die Gesellschaften im Rahmen einer eigenen Akademie,
- die Grundsätze des „AWO-Unternehmenskodex" einer verantwortungsvollen Unternehmensführung zwischen Kontroll- und Aufsichtsfunktion des Vorstands und der operativen Verantwortung der Geschäftsführung bestmöglich zu entwickeln.

Die Gesamtentwicklung von einer kriselnden Wohlfahrtsorganisation hin zu einem innovativen und wettbewerbsorientieren Sozialunternehmen soll in Kap. 1 als Fallbeispiel nachgezeichnet werden.

Um als attraktiver Arbeitgeber wahrgenommen zu werden, müssen sich Unternehmen als Arbeitgebermarke definieren und präsentieren. Dazu werden vorhandene Stärken und Defizite am Beispielunternehmen identifiziert. Daran schließen sich Maßnahmen an, die Defizite zu beseitigen und die Stärken argumentativ für den Arbeitgeber zu nutzen. Dazu soll die vorliegende Fallstudie einen Einstieg bieten.

Mit Hilfe von Case Studies wird die Realität dargestellt, um für eine tatsächliche Herausforderung eine Lösung zu erarbeiten. Durch die Realitätsnähe hat die Lösung eine hohe Praxisrelevanz. In der vorliegenden Case Study werden Veränderungsprozesse in einem Sozialunternehmen untersucht.

Anders als herkömmliche Case Studies bestehen die Leuphana Case Studies nicht nur aus einem mehrseitigen Fall, der von Bearbeitern, die meist einen betriebswirtschaftlichen Hintergrund haben, gelöst wird. Mit den folgenden Kapitel, speziell dem Lehrplan und den Werkzeugen, ist es auch Bearbeiterinnen und Bearbeitern ohne dezitierte betriebswirtschaftliche Qualifikation möglich, diese Studie zu bearbeiten.

Falldarstellungen

2

Eva van Hueth, Prof. Dr. Lutz Schumacher, Wolf Paschen

2.1 Die wirtschaftliche Situation

1992 spitzt sich die jahrelange wirtschaftliche Schieflage der AWO Bremerhaven zu. Zu lange waren wichtige Entscheidungen aufgeschoben und eine Anpassung an veränderte Rahmenbedingungen versäumt worden. In einigen Einrichtungen schrieb man seit Jahren rote Zahlen, ohne dass die Geschäftsführung entschieden gegensteuerte. Es war in der Vergangenheit nicht gelungen, passende Antworten auf die neuen Anforderungen zu finden. Unternehmerisches Denken und Handeln fiel vielen der Verantwortlichen noch schwer. Schon 1987 hatte sich die SPD in der Bremischen Bürgerschaft, inhaltlich eng mit der AWO Bremerhaven verbunden, darüber verständigt, dass der Wohlfahrtsverband nicht in die Insolvenz geraten sollte. Über die Sozialbehörden und die finanzierenden Kommunen wurden angepasste Regelungen einer „Stück-für-Stück-Sanierung" der AWO vereinbart. 1992 wird deutlich, dass diese keinen nachhaltigen Erfolg erzielten.

1992 arbeitet eine kleine Anzahl an Führungskräften bei der AWO, die neben qualitativen, auch ökonomische Ziele in der Durchführung ihrer Angebote verfolgen. Unter ihrer Leitung entwickelten sich weitestgehend rentable, fachlich versierte Altenpflegeheime und kontinuierlich wachsende Sprachheilkindergärten mit unterschiedlichen Angeboten und Hilfeformen. Ein ehrgeiziges Finanzmanagement, gute inhaltliche Arbeit, Innovationsfähigkeit und kontinuierliche Weiterentwicklung der Angebote zeichneten diese Einrichtungen aus. Insgesamt wehren sich Ehrenamt und Vorstand, die soziale Verantwortung der AWO Bremerhaven

E. van Hueth (✉) · L. Schumacher · W. Paschen
Case Studies, Leuphana Universität Lüneburg, Lüneburg, Deutschland
e-mail: case-studies@leuphana.de

© Springer-Verlag GmbH Deutschland 2017
E. van Hueth et al., *Sozialwirtschaft*,
DOI 10.1007/978-3-662-54006-0_2

zugunsten der neuen wirtschaftlichen Anforderungen auszurichten, und wollen beidem gerecht werden. Der Vorstand erhofft sich, die finanziellen Engpässe ein weiteres Mal durch Zuschüsse, Spenden und andere Zuwendungen auffangen zu können und erklärt seine Sicht im Jahresabschlussbericht:

> Auf allen Ebenen und an allen Stellen wird Sparen gefordert. Wir als Kreisverband Bremerhaven stehen da auch mitten drin. Wir sehen und anerkennen, dass Bund, Land und Gemeinde ihre Ausgaben beschränken müssen. [...] Als AWO müssen wir soziale Ausgewogenheit fordern. Die Sanierung der Haushalte darf nicht auf dem Rücken der ‚kleinen Leute' bzw. durch Streichen oder drastische Kürzungen von Hilfen für Bedürftige geschehen. Ausgabenbegrenzungen sind vor allem in anderen als den Sozialbereichen notwendig. Wir im Kreisverband werden für Uns das Notwendige tun; wir werden die Stellenpläne und die Liste der konsumtiven Ausgaben durchforsten, um unsere Angebote noch sparsamer und wirtschaftlicher zu gestalten.

Der seit Kurzem amtierende Geschäftsführer Günther Rühe bewertet die Situation anders. Die Notwendigkeit eines eigenverantwortlichen Finanzmanagements und -controllings in allen Einrichtungen und darüber hinaus für das Gesamtunternehmen ist aus seinen Augen unerlässlich. Seine Botschaft an den Vorstandsvorsitzenden, als beide spät abends ihre Arbeit beendeten:

> Ich glaube, wir müssen die „Schlagzahl" verringern!

Antwort des Vorstandsvorsitzenden:

> Ja – bald; sobald wir das neue Ufer erreicht haben.

Entscheidungen muss die Geschäftsführung jedoch gemeinsam mit dem Vorstand fällen. Trotz der erheblichen finanziellen Ausfälle des Kreisverbandes planen der Vorstandsvorsitzende und seine Beisitzer eine Reihe von Investitionen in die Gestaltung von neuen und veralteten Einrichtungen und deren Angeboten. Der Vorstand vertraut hier – im Widerspruch zu den radikalen staatlichen Kürzungen und zum Ärger der hauptamtlichen Geschäftsführer – nach wie vor auf Zuschüsse seitens der kommunalen Träger in Bremerhaven. Geschäftsführung und Vorstand haben unterschiedliche Ansichten darüber, dass in der Krise der Organisation weder neue Investitionen, noch die damit verbundenen Risiken abgesichert werden können.

Die Leitsätze der AWO

Die AWO kämpft mit ehrenamtlichem Engagement und professionellen Dienstleistungen für eine sozial gerechte Gesellschaft.

- Wir bestimmen – vor unserem geschichtlichem Hintergrund als Teil der Arbeiterbewegung – unser Handeln durch die Werte des freiheitlich-demokratischen Sozialismus: Solidarität, Toleranz, Freiheit, Gleichheit und Gerechtigkeit
- Wir sind ein Mitgliederverband, der für eine sozial gerechte Gesellschaft kämpft und politisch Einfluss nimmt. Dieses Ziel verfolgen wir mit ehrenamtlichen Engagement und professionellen Dienstleistungen.
- Wir fördern demokratisches und soziales Denken und Handeln. Wir haben gesellschaftliche Visionen.
- Wir unterstützen Menschen, ihr Leben eigenständig und verantwortlich zu gestalten und fördern alternative Lebenskonzepte.
- Wir praktizieren Solidarität und stärken die Verantwortung der Menschen für die Gemeinschaft.
- Wir bieten soziale Dienstleistungen mit hoher Qualität für alle an.
- Wir handeln in sozialer, wirtschaftlicher, ökologischer und internationaler Verantwortung und setzen uns nachhaltig für einen sorgsamen Umgang mit Ressourcen ein.
- Wir wahren die Unabhängigkeit und Eigenständigkeit unseres Verbandes; wir gewährleisten Transparenz und Kontrolle unserer Arbeit.
- Wir sind fachlich kompetent, innovativ, verlässlich und sichern dies durch unsere ehren- und hauptamtlichen Mitarbeiterinnen und Mitarbeiter.

(AWO Bundesverband 2009, S. 9)

Ineffiziente Dienste und Einrichtungen, hohe Personalkosten und ein defizitäres Controlling und Finanzmanagement beeinträchtigen bereits in den 1980er-Jahren den unternehmerischen Erfolg des Wohlfahrtsverbands in Bremerhaven. Innerhalb von nur einem Jahr – von 1991 bis 1992 – bricht der Gesamtumsatz aus den Aufgabenfeldern Erziehungshilfen, Suchtarbeit, Beschäftigungsmaßnahmen und Migration von 4 Mio. DM auf 1,5 Mio. DM ein. Auch ein deutlich höheres Aufkommen an Beiträgen und Spenden, Zuschüssen und Zuwendungen reicht Ende 1992 nicht aus, diesen massiven Ertragsausfall auszugleichen. Die AWO Bremerhaven schließt das Jahr 1992 mit einem Jahresüberschuss von gerade einmal 207 DM ab und kann keinerlei Rücklagen, z. B. für neue Projekte, bilden. Die weitreichendste Folge davon: Im Dezember 1992 ist die pünktliche Zahlung der Gehälter inklusive der Sozialversicherungsbeiträge gefährdet.

Vorstand und Geschäftsführung fanden keine überzeugenden Antworten auf die neuen Herausforderungen. Sie standen mit 631 Mitarbeitern vor der Insolvenz. Die traditionellen Verbandsstrukturen und Steuerungsinstrumente erweisen sich zunehmend als ineffizient und ungeeignet. Der Paradigmenwechsel in der Wohlfahrtspflege – weg von einer privilegierten Stellung der Wohlfahrtsverbände als Partner des Staates hin zu einem Akteur auf einem deregulierten Markt für soziale Dienstleistungen – verlangte ein stärker markt- und wettbewerborientiertes Denken und Handeln sowie effiziente Prozesse und Strukturen, die Wirtschaftlichkeit und Wettbewerbsfähigkeit garantieren.

Die Mitarbeiter in Verwaltung und Fachbereichen spürten die Sorge und Ratlosigkeit der Führung. Bisher hatte man versucht, die gewohnt positive Stimmung in der Organisation am Leben zu erhalten. Mittlerweile war es offensichtlich, dass die angedachten Lösungen für Stillstand und Problemlagen der Organisation keine Realisierung fanden. Große Unsicherheit verbreitete sich unter den Mitarbeitern. Diese Entwicklungen vollzogen sich vor dem Hintergrund der Werftenkrise in Bremerhaven. Seit den 80er-Jahren nahm die Arbeitslosigkeit in Bremerhaven massiv zu. Dies betraf viele Familien in Bremerhaven – auch die Mitarbeiter der AWO. Viele in der AWO Bremerhaven bangten selbst um ihren bis dato sicheren Arbeitsplatz. Gerade die weiblichen Beschäftigten waren durch die Arbeitslosigkeit ihrer Männer oft diejenigen, die den Familienunterhalt nun alleine sicherten. Dadurch war die Angst vor einem Arbeitsplatzverlust groß.

Bremerhaven

Einwohner:	113.500 (Stand 30.09.2011)
Spezifikum:	bildet mit dem 60 km entfernten Bremen die „Freie Hansestadt Bremen"
Geschichte:	große Zerstörungen im Zweiten Weltkrieg, die Stadt verliert einen Großteil ihrer Bevölkerung.
1960er-Jahre:	wirtschaftlicher Aufschwung getragen durch maritime Wirtschaft (Hafen, Schiffbau, Fischerei), Eingliederung großer Flüchtlingskontingente und ausländischer Arbeitskräfte.

1970er-Jahre:	Strukturwandel im Hafensektor: zunehmende Bedeutung der Luftfahrt. Flugzeuge ersetzen teilweise die klassischen Schifffahrtswege.
1980er-Jahre:	Krise der Schiffbauindustrie: Sterben der Werften beginnt.
1990er-Jahre:	Fortsetzung des Ausbaus der Containerkapazitäten, Umbau des Fischereihafens zum Zentrum für Lebensmittelindustrie, nur wenige kleine bis mittelgroße Werften überleben.
Arbeitslosigkeit:	von 1999 bis 2010 liegt die Arbeitslosenquote nicht unter 14,3 %, zeitweise ist sie doppelt so hoch wie die Arbeitslosenquote für Gesamtdeutschland
Armut:	Laut einer UNICEF Studie leben 2007 38,4 % der Minderjährigen, 40,3 % der 15-Jährigen in Armut, in einigen Stadteilen sind es 2007 bis zu 50 %.

2.2   Der Führungswechsel

Januar 1992: Der Geschäftsführer, Kollegen und Mitarbeiter der AWO Bremerhaven stehen unter Schock. Völlig unerwartet erreicht sie die Meldung, dass der stellvertretende Geschäftsführer und Leiter des Fachbereichs Psychiatrie und Sucht der AWO, Tjark Runge, aufgrund eines Herzinfarkts verstorben ist. Mit seinem Ableben verliert die AWO Bremerhaven – in der wirtschaftlich angespannten Situation – eine visionäre Führungspersönlichkeit. Tjark Runge war für die Neuausrichtung der AWO Bremerhaven eingetreten und hatte vielen Mitarbeiter Zuversicht vermittelt.

Bereits mit Beginn der 1980er-Jahre hatten der Vorstandsvorsitzende Dr. Bernd Fischer und die Geschäftsführung mit Rolf Baumgart und Tjark Runge in der Stellvertretung Veränderungsnotwendigkeiten identifiziert: Eine geringe Nachfrage von finanziell aufwendigen Angeboten und fehlerhafte Preis-Leistungs-Kalkulationen führten zu erheblichen Umsatzverlusten. Zusätzlich verfügt die Organisation auch zu Beginn der 1990er-Jahre über kein langfristiges Finanzmanagement, es werden unterschiedliche, wenig geeignete EDV-Buchhaltungsprogramme verwendet. Die Einrichtungen verantworten ihr finanzielles Management weitestgehend unabhängig vom Gesamtverband. Eine entsprechende Unübersichtlichkeit und kaum zu kontrollierende Risiken für die Hauptgeschäftsführung sind die Folge. So kam es auch zu einer Umwandlung des großen Sozialverbandes in die AWO, die gesellschaftsrechtliche Vorteile mit sich brachte. Gleichzeitig entschied sich der Verband dazu, die genossenschaftlichen Mitbestimmungsstrukturen aufrecht zu erhalten. Ein solches „Risiko" stellt beispielsweise das Kinderkurheim der AWO Bremerhaven auf der Insel Langeoog dar. Das Heim ist eine der traditionellen, aber defizitären Einrichtungen der AWO Bremerhaven. Kinderkuren gelten 1992 als nicht mehr zeitgemäß. Krankenkassen übernehmen die aus dieser Leistung entstehenden Kosten nur noch in seltenen Härtefällen. Im Geschäftsjahr 1992 schreibt die Einrichtung auf der Nordseeinsel rote Zahlen in einer Summe von über 380.000 DM. Es ist das zwölfte defizitäre Jahr in Folge. Als wertorientierte Gliederung der AWO, die Solidarität und Gerechtigkeit mit ihrem Wirken sicherstellen möchte, wehrt sich der Kreisverband in Bremerhaven dagegen, traditionsreiche Einrichtungen zu schließen und ihre Mitarbeiter zu entlassen. Doch die Organisation ist nicht mehr in der Lage, diese Verluste weiter auszugleichen. Der Vorstandsvorsitzende Dr. Bernd Fischer verantwortet sich dazu in seinem Bericht 1992:

> Das größte Sorgenkind ist und bleibt für den Vorstand und insbesondere für mich das Kinderkurheim auf Langeoog. Ich lege heute Rechnung für das zwölfte Jahr unter meinen Vorsitz ab und in diesem Punkt hat sich nichts geändert. Im Kurheim wird gute Arbeit geleistet, aber die Nachfrage ist nicht ausreichend. Eine AWO-adäquate Lösung des Problems, der Erhalt des Zweckes des Hauses für soziale Aufgaben und der Erhalt der Arbeitsplätze für die Mitarbeiter, habe ich in all den Jahren trotz vielfacher Anstrengungen nicht erreicht.

Mit Beginn der 1990er-Jahre zeichnete sich die zunehmende Privatisierung des Sozial-, insbesondere des Pflegemarktes in der Region Bremerhaven ab, wodurch sich der Wettbewerbs- und Kostendruck für die AWO verstärkt. Wenige in der AWO Bremerhaven stellen sich diesen neuen Anforderungen mit Offenheit und Zuversicht. Als traditionelle Organisation der freien Wohlfahrtspflege hat sich das Bewusstsein einer sozialstaatlichen Privilegierung tief verankert. Sich als Organisation von dieser durchaus angenehmen Vorstellung zu lösen und sich als ein Marktakteur zu begreifen, der im Wettbewerb mit anderen Akteuren steht, fällt nicht nur dem Vorstand, sondern auch Mitarbeitern und Führungskräften immer noch schwer. Viele der Betroffenen wollen nicht wahrhaben, dass neue Zeiten angebrochen waren. Die hauptamtliche Geschäftsführer Rolf Baumgart und sein Stellvertreter Tjark Runge hatten die finanzielle „Lähmung" der Organisation gegenüber Vorstand und Einrichtungsleitern deutlich kommuniziert. Die Kreisverbandsstrukturen und die Aufstellung als Verein bedingen die gemeinsame Führung durch Ehrenamt und Hauptamt. Baumgart versteht sich dabei als sozialer Unternehmer. Expansion und die ständige Weiterentwicklung erfolgreicher Angebote motivieren ihn.

Tjark Runge in der Funktion der stellvertretenden Geschäftsführung gilt als Visionär der Sozialen Arbeit mit entsprechend großer Nähe und dem „richtigen Draht" zu den Einrichtungsleitern. Der ehrenamtliche Vorstandsvorsitzende Dr. Bernd Fischer ist in seinem zwölften Dienstjahr als er dem wirtschaftlichen Aus der AWO Bremerhaven direkt ins Auge blicken muss. Dr. Bernd Fischer, selbst Jurist und Geschäftsführer der Industrie- und Handelskammer Bremerhaven, engagiert sich nicht nur kommunal und landespolitisch. Er wirkt auch in der Grundsatzkommission des Bundesverbandes der AWO, der Verbandskontrolle und internationalen Vertretung aktiv mit. Die Veränderungen in Sozialgesetzgebung und Finanzierungsgrundlage hatten ihn für die notwendige Entwicklung der Sozial- und Gesundheitsdienste sensibilisiert. Gleichzeitig fühlt er sich der erreichten Kontinuität und Qualität der AWO-Angebote und dem Erhalt der Arbeitsplätze für die AWO-Mitarbeiter verpflichtet. Dabei ist ihm wichtig, sich für diejenigen Menschen in Bremerhaven einzusetzen, deren Familien von den Folgen der Werftenkrise und der massiven Arbeitslosigkeit betroffen sind. In seiner Person und einem vertrauensvollen Verhältnis zur Geschäftsführung und den Einrichtungsleitern hatte er die Unternehmenskultur der AWO jahrelang geprägt und das Fundament eines kontinuierlichen Miteinanders begründet. Mit Hilfe seiner politischen Kontakte organisiert er in seiner Amtszeit die Vorstandsbesetzung durch AWO-Mitglieder, die diese Neuausrichtung mit tragen, und erschließt Kooperationen und neue Tätigkeitsbereiche, z. B. in den neuen Bundesländern und Osteuropa.

Mit Einsicht in die mäßigen Ertragslagen der AWO hatte Fischer zusammen mit der Führung eine Strategie von Ausweitung, Professionalisierung und Konsolidierung der Angebote verfolgt. Man hatte keine Rückschritte machen wollen. Mit Rolf Baumgart fand er Mitte der 1980er-Jahre einen Partner mit gleichen Interessen und gutem unternehmerischen Gespür. Die fachliche Expertise aller AWO-Einrichtungen und die Innovationskraft der wirtschaftlich erfolgreichen Dienste sollte mit größtmöglicher Einbindung der zentralen Kostenträger die „Selbstheilung" der Organisation und ihrer defizitären Stellen sicherstellen. Doch der Prozess gestaltete sich schwierig. Die Auseinandersetzungen in der Führung von Hauptamt und Ehrenamt waren mit Ende der 1980er-Jahre stärker geworden. Insbesondere die Kommunen zogen sich unter den eigenen Sparanforderungen aus Finanzierungshilfen zurück und kritisierten gleichzeitig die aus ihrer Sicht teilweise intransparenten Kostenaufstellungen einiger Dienste und Hilfen.

Rolf Baumgarts Bestreben, weiteren Investitionen seitens des Vorstands gegenzusteuern und die finanziell eigenständige Sicherung des Kreisverbands voranzustellen, scheitert. Ehrenamt und Vorstand hoffen und vertrauen weiterhin auf die Hilfe von bisherigen Geldgebern.

Durch die tradierten Strukturen der gleichberechtigten Verbandsführung durch Ehrenamt und Hauptamt sind die Möglichkeiten für Baumgart, unternehmerisch zu handeln, begrenzt. Er möchte auf der Grundlage von realistischen Einschätzungen entscheiden und handeln und der Führung der Geschäfte – trotz der Verbundenheit zur sozialen Arbeit und Hilfe – ökonomische Maßstäbe zugrunde legen. Theoretisch pflichtet man ihm zwar immer wieder bei, doch in der tatsächlichen Bewältigung der Anpassungsprobleme der AWO tun sich viele schwer. Der Vorstandsvorsitzende selbst nimmt an den Diskussionen der Ideen zur Neustrukturierung der AWO-Gliederungen mit Hilfe sozialer Managementansätze in Ausschuss und Kontrollkommission des Bundesverbands teil und verfügt für jene Zeit über aktuelles Wissen in diesem Bereich. Die praktische Umsetzung der Veränderungen jedoch vermeidet er. Einrichtungs- und Personalerhalt liegen ihm noch zu sehr am Herzen. Seine Eingeständnisse in Bezug auf das zurückliegende Geschäftsjahr 1992 spiegeln die unerfüllten Hoffnungen und Hilflosigkeit wider:

Ich verhehle nicht, dass die Sparpolitik auch an uns nicht vorbeigegangen ist. Es gab Überlegungen der Stadt, bis zu drei der Seniorenbegegnungen ganz zu schließen, weil sie nicht länger zu finanzieren sind.

Auch ist es uns nicht gelungen, die mit der Stadt abgesprochene Renovierung der Treffs durchzuführen. Wir gehen aber davon aus, dass wir die Renovierung der Altentagesstätten durchführen können, sodass den Bürgern dieses Angebot erhalten bleibt …

[…] wir haben eine Kompromiss-Linie entwickelt, die darauf hinausläuft, dass wir eine Tagesstätte / Nachbarschaftstreff schließen würden, hoffen aber, vielleicht auch dies noch zu verhindern, indem wir die Eigenmittel erhöhen und gleichzeitig die Stadt nicht aus ihrer Verantwortung entlassen.

[…} die Einrichtungsleitungen mit ihrem Personalstab arbeiten daran, die notwendigen Einsparungsmaßnahmen umzusetzen, ohne dies auf die Qualität der Pflege umschlagen zu lassen.

Man rechnet, dass aufgrund der Haushaltssanierung des Landes Bremen einige Prozente in diesem Jahr eingespart werden müssen. Bei 7,8 Mio. DM bedeutet dies für das Lotte-Lemke-Haus etwa 300.000 DM – inklusive den ABM-Einsparungen und zukünftigen Einsparungen der Bundesregierung im Bereich des Zivildienstes.“

Diese erforderlichen Umsetzungen betreffen auch die Senioren- und Pflegeheime Gerhard-von-Heukelum Haus und die Villa Schocken. Konkrete Um- und Ausbaupläne {…] liegen in den Schubladen. Wir kommen nicht dazu, die erforderlichen Investitionen zusammenzubringen. Wenn wir jedoch das Niveau in der Altenpflege in den 90er-Jahren beibehalten und aufstocken wollen, sind Änderungen im Sanitär- und Gemeinbereich vorzunehmen. Wie wir das bei der finanziellen Großwetterlage bewerkstelligen sollen, wissen wir derzeit nicht. […] es wird eine Menge Phantasie geben müssen, um in Zukunft solche Projekte noch realisieren zu können.

Die Pflege ist der größte Bereich unserer Sozialstation. Dort sind etwa 130 Mitarbeiter mit einer vereinbarten Mindeststundenanzahl beschäftigt. Das jährliche Umsatzvolumen liegt weit über 300 Mio. DM. In diesem Bereich haben wir 1992 einen Verlust von 110.000 DM gemacht. 28,65 DM Stundensatz entspricht noch nicht den finanziellen Anforderungen.

Auch Tjark Runge war einer derjenigen, die verstanden hatten, dass die AWO Bremerhaven sich verändern muss, um eine Zukunft zu haben. Er wies auf die wirtschaftlichen Schieflagen hin und versuchte, neue Wege zu gehen. Aufgrund seines hohen fachlichen Anspruchs, seiner Leidenschaft für die Soziale Arbeit und der Bereitschaft, sich den neuen Herausforderungen zu stellen, war er für viele Mitarbeiter und Führungskräfte ein Vorbild und eine Person, auf die sie in den schwierigen Zeiten vertrauten. Er hatte inhaltlich-fachliche Prioritäten gesetzt, jüngste Projekte sollten konsolidiert und kontinuierlich ausgerichtet werden. Nach der Krise könne man innovative und erfolgreiche Angebote Stück für Stück weiter ausbauen. Neue Investitionen sollten seiner Meinung nach auf Eis gelegt werden.

Der Professionalisierungsprozess der AWO Bremerhaven unter Rolf Baumgart steht 1992 zum Zeitpunkt des personellen Verlustes seines Stellvertreters Runge noch ganz am Anfang. Nun liegt es an Baumgart, zeitnah einen Nachfolger für seine Stellvertretung zu finden. Er möchte – gerade mit Blick auf seine Entscheidung, das „sinkende AWO-Schiff" für eine lukrative Stelle im privaten Pflegemarkt zu verlassen – auch sein baldiges Ausscheiden vorbereiten und die AWO Bremerhaven in guten Händen zu wissen. Gegenüber seiner bisherigen Tätigkeit in der AWO erhofft er sich mit dem Wechsel in die Privatwirtschaft mehr Raum und Autonomie für unternehmerisches Handeln. Baumgart kennt das kollegiale Umfeld seines ehemaligen Stellvertreter Tjark Runge gut und macht es zur Grundlage der Auswahl seines Nachfolgers.

Tjark Runge und der junge Streetworker Günther Rühe hatten seit 1983 im Fachbereich Sucht und Drogen der Stadt Bremen zusammengearbeitet. Im Laufe der Jahre konzipierten sie gemeinsame Suchtprojekte und gründen – zur unabhängigen Durchführung ihrer Projekte – den Bremer Suchtverein e. V. Tjark Runges Engagement und Visionen einer an Klient und Bedarf angepassten, nach Wirtschaftlichkeit strebenden Sozialen Arbeit prägen bereits den jungen Kollegen Rühe. Nach Runges Vorbild und im Sinne seiner Führung „auf Augenhöhe" übt er seine Tätigkeit als Sozialarbeiter und Leitungskraft aus. Auf seine Empfehlung ist der in der Bremer Szene der Sozialen Arbeit als Querdenker bekannte Rühe 1992 als Leiter einer Forschungs- und Bildungsstätte zur Geschichte der Arbeiterbewegung in Bremerhaven tätig. Betroffen und erschrocken über den plötzlichen Tod seines engen Freund und Kollegen Runge, empfindet Rühe es als seine Pflicht, auf Bitte von Rolf Baumgart die Nachfolge Runges anzutreten. Nur vier Monate nach Eintritt Rühes in die Geschäftsführung, realisiert Rolf Baumgart seinen Plan, die AWO zu verlassen und wechselt in die Geschäftsführung eines großen privaten Anbieters von Pflegedienstleistungen im Raum Bremerhaven.

Die plötzlichen Wechsel an der Spitze und die sich zuspitzende wirtschaftliche Lage der Organisation erzeugen weiterhin große Ungewissheit bei den Mitarbeitern und Einrichtungsleitungen. Durch Baumgarts Entscheidung, die AWO zu verlassen, ist der Vorstand nun gezwungen, schnell einen geeigneten Nachfolger zu finden. Mit der Neubesetzung der hauptamtlichen Führung des Kreisverbands betraut, scheuen Dr. Fischer und der ehrenamtliche Vorstand, diese Entscheidung allein mit dem seit Kurzem amtierenden Stellvertreter Günther Rühe zusammen zu fällen. Dr. Bernd Fischer holt sich Rat und Unterstützung bei seinem Kollegen, dem Bundesgeschäftsführer der AWO in Berlin. Dieser empfiehlt ihm, „Ruhe in die Sache zu bringen" und mit dem Juristen Herrn Dr. Heinrich Schmitt – selbst jahrelanges ehrenamtliches Mitglied der AWO in Berlin – „gleiche Interessen", auch in der Führung der AWO Bremerhaven, zu wahren. Günther Rühe kommt aus Sicht des Vorstands als möglicher Ersatz vorerst nicht infrage. Zwar hat er schnell eine gute Kommunikation mit den Einrichtungsleitern gefunden, ist fachlich hochmotiviert und entwickelt pragmatische Lösungen, dennoch erscheint er aus Sicht des Vorstands noch zu jung und unkonventionell.

Auf Empfehlung des AWO Bundesverbandes wird Herr Dr. Heinrich Schmitt, der bis dahin ehrenamtlich im AWO Kreisverband tätig war, neuer Geschäftsführer. Dies trifft nicht bei allen Mitarbeitern auf Zustimmung. Insbesondere die Einrichtungsleitungen äußern Kritik über diese Personalentscheidung. In ihrer Funktion nehmen Sie im Einrichtungsverbund eine Schlüsselfunktion ein. In ihrer Tätigkeit müssen sie die fachlich-qualitativen Ansprüche der Fachbereiche mit den Wirtschaftlichkeitsanforderungen des gesamten Verbands verbinden. Hier müssen Lösungen entwickelt werden, in welcher Form eine gleichbleibend hohe Wirkkraft der Leistungen, Effizienz und niedrige Personalkosten gewährleistet werden kann. Zur Unterstützung und Realisierung dieser Aufgaben wünscht man sich eher eine erfahrene Person der Sozialen Arbeit, die fachliches Wissen mitbringt und praktische, zeitnahe Lösungen entwickeln kann. Doch der Vorstand stellt sich hinter die Personalentscheidung in Richtung Herrn Dr. Heinrich Schmitts. Man möchte die AWO nicht zu lange ohne die rechtliche Führung durch einen Geschäftsführer lassen. Dieser soll aus Sicht des Vorstands in erster Linie „die Finanzen in Ordnung bringen".

Sechs Monate später: Erna Bülter, Begründerin und Einrichtungsleiterin von zwei Sprachheilkindergärten der AWO in der Region Küste beschreibt diese Zeit:

> Es gab mit dem damaligen Geschäftsführer Herrn Schmitt bereits in seiner Probezeit eine Menge Probleme im Bereich Arbeitsorganisation und Absprachen. Meine Kollegin und ich haben Herrn Rühe in seiner damaligen Funktion als stellvertretendem Geschäftsführer einiges davon rückgemeldet, denn, wir konnten Anträge stellen und Gespräche führen – es lief einfach zu wenig. Gegenüber dem Vorstandsvorsitzenden äußerte ich bereits früh meine finanziellen Sorgen um meine eigene Einrichtung und den Gesamtverband. Ich erinnere mich noch an meine Worte: „Herr Vorsitzender, wenn wir insgesamt so weiter machen, sind wir, als AWO Kreisverband bald pleite!

Die Kritik der Leitungskräfte am Geschäftsführer Herrn Schmitt wächst. Ihm wird Entscheidungsschwäche vorgeworfen. Es war das eingetreten, was die Einrichtungsleiter befürchtet hatten. Der neuen Führung fehlte der Blick für die soziale Praxis. Man fand kaum gemeinsame Lösungen für drängende Entscheidungen. Dr. Heinrich Schmitt spürte mit Amtsbeginn die Skepsis, die ihm seitens der Einrichtungen entgegen kam. Der Handlungsbedarf nahm zu, viele Leitungskräfte sorgten sich um den Fortbestand ihrer Einrichtungen und suchten nach Unterstützung – wie gewohnt auf „Augenhöhe" – mit der Leitung. Um das eigene Überleben zu sichern, galt es, die eigenen Angebote teilweise neu zu organisieren, Personal einzusparen und alle anfallenden Kosten weiter zu reduzieren. Man stand mit Angst und Hoffnung vor den Veränderungen und teilweise schmerzhaften Prozessen. Es sollte das Möglichste erhalten bleiben. Nachdem man im Jahr 1990 im Zuge von Angebotsausweitungen neues Personal eingestellt hatte, stiegen nun die Personalkosten von 16 Mio. DM auf 22 Mio. DM an. Diesen Personalumfang kann sich die AWO nach dem Einbruch der Umsätze um 60 % im Jahre 1992 nicht mehr leisten. Flächendeckende Personalreduktion muss angesichts dieser Zahlen Ziel der AWO werden.

So heißt es im Bericht des Vorstandsvorsitzenden 1992:

> Wir im Kreisverband werden für uns das Notwendige tun; wir werden die Stellenpläne und die Liste der konsumtiven Ausgaben durchforsten, um unsere Angebote noch sparsamer und wirtschaftlicher zu gestalten. Die Geschäftsführung arbeitet mit den Einrichtungsleitungen an diesem Thema. Der Vorstand wird sie darin unterstützen, aber auch darin, falsche Sparanforderungen gegenüber Politik und Öffentlichkeit abzuwehren.

Zu vielen Anforderungen sah sich Dr. Heinrich Schmitt gegenüber. Die enorme Verantwortung machte ihm zu schaffen. Es fehlte ihm an der fachlichen Expertise, um „von oben" zeitnahe Entscheidungen treffen zu können. Auch der Dialog mit Einrichtungsleitungen, um Fragen fachlich zu klären und gemeinsame Handlungsstrategien zu entwickeln, fiel ihm schwer. Diese Überforderungen und eine mangelnde Selbstreflexion eigener Schwächen mündeten in einem Verhalten der Vermeidung. Einrichtungen fühlen sich alleingelassen, weitere Konfrontationen wurden gescheut. Wichtige Termine ließ er wiederholt durch seine Sekretärin absagen. Die Geschäfte des Kreisverbands standen still, geplante Baumaßnahmen lagen brach, niemand wusste mehr, wie es operativ weitergehen konnte.

Die allgemeine Unzufriedenheit über die Passivität der Führung veranlasst den Vorstand im Dezember 1992 zur Klärung der Situation, eine Leitungskonferenz auf Langeoog abzuhalten. Die offene Kritik der Leitungskräfte entwickelt sich schnell zu einer Vielzahl an Vorwürfen, die den Geschäftsführer an seine persönlichen Grenzen stoßen lassen. Die AWO zeichnete sich bislang durch eine offene Kultur aus. Die eigene Meinung und Missstimmung frei zu äußern, war ein fester Bestandteil der Unternehmenskultur. Es ist eine Sitzung voller Emotionen, persönlichen Enttäuschungen und Ängsten, auf allen Seiten. Der Vorstand ist ungehalten über die „rasante Talfahrt" unter Dr. Schmitt. Dieser weist die Schuld von sich und ist sichtlich angegriffen. Aus seiner Sicht war es unmöglich, die vor einem halben Jahr bereits erkannte Schieflage der AWO noch aufzufangen. Er wollte nicht als Sündenbock für die jahrelangen Fehler anderer dastehen. Er hatte den Posten aus Ehr- und Pflichtgefühl angenommen. Persönliche Vorwürfe an zwei der stärksten Kritikerinnen und AWO-Pionierinnen, Erna Bülter und ihre Kollegin Yvonne Schnittger, sind die Folge. Dr. Schmitt bezeichnet sie als „Intrigantinnen".

Die beiden Frauen sind empört und verlassen den Raum. Von jeher waren sie an der fachlichen und organisationalen Weiterentwicklung und Auseinandersetzung interessiert gewesen, doch jetzt schien die Situation unter der aus ihren Augen verantwortungslosen Führung Schmitts ausweglos. Beide Mitarbeiter entschieden sich noch am gleichen Nachmittag, ihre Kündigungen einzureichen.

Die Sitzung endet im Hinblick auf gemeinsame Entscheidungen für alle Beteiligten erfolglos. Die Differenz der Interessenslagen und Sichtweisen zwischen Einrichtungsleitung und Dr. Schmitt ist nicht mehr auszugleichen. Dr. Bernd Fischer wie dem gesamten Vorstand ist klar, dass hier gehandelt werden muss. Die Organisation konnte es sich in diesem Augenblick nicht erlauben, tragende Schlüsselpersonen wirtschaftlich starker Einrichtungen zu verlieren.

Günther Rühe, im Austausch mit allen Beteiligten, weiß um die Entscheidung der beiden Kolleginnen. Auf Drängen der anderen Leitungskräfte soll gleich nach Ausgang der Leitungskonferenz eine außerordentliche Vorstandssitzung einberufen werden.

Hier entscheidet der Vorstand gemeinsam mit Günther Rühe als Stellvertreter, Herrn Schmitt nach nur sieben Monaten als Geschäftsführer zu kündigen. Dr. Heinrich Schmitt muss die AWO Bremerhaven verlassen und wird mit 50.000 DM abgefunden. Noch am gleichen Abend entschuldigt sich Günther Rühe mit einem Blumenstrauß bei beiden betroffenen Einrichtungsleiterinnen. Sie ziehen ihre Kündigung zurück.

Obwohl er erst kurze Zeit als stellvertretender Geschäftsführer tätig ist, hat sich Günther Rühe beim Vorstand und den Mitarbeiterinnen und Mitarbeiter Respekt und Vertrauen verschafft. Seine Kollegen schätzten seine fachliche Expertise, Vertrauenswürdigkeit und direkte Art. Während der Turbulenzen in den Führungsreihen bewies er Rückgrat. In zurückliegenden Leitungskonferenzen setzte er sich für die Mitarbeiterinnen und Mitarbeiter ein. Erna Bülter beschreibt seine Haltung während der Konflikte zwischen Einrichtungsleitungen und Geschäftsführung Ende 1992 so:

> Im Gegensatz zu den normalen fachlichen Diskussionen schwieg die Mehrheit in dieser Krisensitzung auf Langeoog. Nur wenige hatten den Mut zu eigenen Positionen dem damaligen Geschäftsführer gegenüber. Das hatte Gründe, denn mit Kritik und Anregungen wurde von seiner Seite nicht wertschätzend umgegangen. Er versuchte Entscheidungen ‚von oben' durchzuführen, bis er merkte, dass wir Mitspracherecht einforderten und Entscheidungen bislang gemeinsam mit der Führung entwickelten. Als meine Kollegin und ich von ihm als Verräterinnen beschimpft wurden, widersprach allein Günther Rühe. Unsere Kollegen und Kolleginnen schwiegen nur betroffen.

Die zurückliegenden Auseinandersetzungen motivieren den Vorstand zur gemeinsamen Abstimmung mit den Leitungskräften. Sein bis dahin ausgebautes „Standing" in der AWO führt zu einem eindeutigen Votum für Günther Rühe: Der Sozialarbeiter Günther Rühe soll mit 38 Jahren – obwohl er über keine explizite Managementausbildung verfügt – die Geschäfte des Kreisverbandes mit einer Belegschaft von 631 Mitarbeitern übernehmen. Dr. Bernd Fischer formuliert im Namen des Vorstands das Motto für das kommende Geschäftsjahr 1993:

> Ich danke Günther Rühe für sein beherztes Einspringen in die neue Funktion. [...] Meinen Bericht für das Jahr 1992 möchte ich schließen mit dem Bekenntnis und mit der Verpflichtung, dass die AWO Bremerhaven weiterarbeiten wird mit dem Ziel, mehr Freiheit, mehr Gerechtigkeit, mehr Solidarität in unserer Gesellschaft zu schaffen. Unsere Arbeit gilt allen, die Hilfe nötig haben. Dazu sind wir alle bereit, dazu sind wir Mitglieder der AWO!" (Bericht des Vorstandsvorsitzenden 1992)

Günther Rühe in der Funktion des hauptamtlichen Geschäftsführers formuliert es anders:

Die AWO war zu dem Zeitpunkt bereits faktisch insolvent. Das war ein Grund, warum es keine aufwendige Suche nach einem neuen Geschäftsführer geben konnte. Für mich ist es eine ‚Herkules-Aufgabe' ein fast bankrottes Unternehmen zu über- nehmen. Vor diesem Hintergrund gibt es eine unausweichliche, zwingende Aufgaben- stellung: die Zahlungssicherstellung der nächsten Löhne und Sozialversicherungen. In der gesamten Organisation herrschte Verwirrung: Kaum abgestimmte und mangel- hafte Verwaltungsabläufe, fernab von jeglicher Managementstruktur – eben ein nicht- wirtschaftlicher ‚denkender Verein', der den Punkt eines radikalen Umschwungs mit den nötigen Veränderungen zu Beginn der 90er-Jahre versäumt hatte. Ein Bild mag dies verdeutlichen: Der damalige Finanzchef hatte einen dieser kleinen Klapp- kalender. Auf dem Hauptdeckblatt standen die notwendigen Zahlungsein- und -Aus- gänge. Zahlungen der Behörden, Pflegesätze usw. Das war das ganze ‚Controlling' des Kreisverbandes. Es herrschte eine extreme Unübersichtlichkeit im Bereich der Gewinn- und Verlustrechnungen. Das musste in kürzester Zeit verändert werden.

Fallzusammenfassung für Dozierende 3

Max Kuchenbuch

Die freie Wohlfahrtspflege ist seit Beginn der 1990er-Jahre einem stetig wachsenden Veränderungsdruck ausgesetzt. Politisch-rechtliche und gesellschaftliche Entwicklungen führten zu einem Paradigmenwechsel in der freien Wohlfahrtspflege. Diese Entwicklung ist nicht nur aufgrund der durch die Finanz- und Wirtschaftskrise zugespitzten Finanzlage von Bund, Ländern und Kommunen sowie der Sozialleistungs- und Sozialversicherungssysteme verursacht. Veränderungen der Rahmenbedingungen für die Sozialwirtschaft hatten bereits vorher begonnen. Darunter fallen ordnungspolitische Modifikationen wie z. B neue Mechanismen der Finanzierung von Leistungen und Innovationen, aber auch Verwettbewerblichung, Entstaatlichung und eine zunehmende Kommerzialisierung von Sozialleistungen.

Bisher war es die sozialstaatliche Herangehensweise, soziale Hilfen und Dienstleistungen nicht an ihre Marktfähigkeit oder die Kaufkraft des Klienten zu binden, sondern sie als „öffentliche Güter" und sozialstaatlich begründete Rechtsansprüche steuer- oder beitragsfinanziert bereitzustellen. Mit Beginn der 1990er-Jahre soll dieses System zunehmend durch wettbewerbliche und marktwirtschaftliche Steuerungsformen abgelöst werden. Das bisher zugrundeliegende sozialrechtliche Dreiecksverhältnis erfährt in Folge eine strategische Neugewichtung. Bisher hatte die Finanzierungssystematik eine starke Stellung der Anbieterorganisation im Sinne einer paternalistischen Fürsorge begünstigt, Klienten bzw. Anspruchsberechtigte der Sozialen Arbeit ordnete man eine eher passive Rolle von Mandanten zu, die von öffentlichen Trägern und Anbietern, „anwaltschaftlich" geregelte Leistungen erhalten (Boeßenecker 2005, Moos und Klug 2009).

M. Kuchenbuch (✉)
Case Studies, Leuphana Universität Lüneburg, Lüneburg, Deutschland
e-mail: case-studies@leuphana.de

© Springer-Verlag GmbH Deutschland 2017
E. van Hueth et al., *Sozialwirtschaft*,
DOI 10.1007/978-3-662-54006-0_3

Es ergab sich ein komplexes System von unterschiedlichen Leistungsbeziehungen, beeinflusst durch unterschiedliche Interessen sowie teilweise gegensätzlichen Entscheidungsrechten und Möglichkeiten der Involvierten. Die Träger- und Organisationsfixierung erschwerte den öffentlichen Einblick in Kommunikations- und Entscheidungsverfahren zwischen Staat und Wohlfahrtspflege und begünstigte eine Intransparenz der Finanzierungswege und -verfahren in der Durchführung sozialer Dienste. Die Finanzierung des deutschen Wohlfahrtswesens erscheint Ende der 1980er-Jahre im Licht einer „Black Box" – undurchsichtig, verworren und für die Öffentlichkeit kaum nachvollziehbar (Boeßenecker 2005).

Das „korporatistische System", in dem sich Wohlfahrtsverbände und Staat über Leistungsstandards, Maßnahmen und Programme im politischen Konsens verständigten, sollte als Beziehungsgeflecht durch marktwirtschaftliche Steuerung verifiziert werden (vgl. Heinze 1985, S. 196 ff.). Wissenschaft und Politik attestierten den Wohlfahrtsverbänden einen Mangel an Vielfältigkeit in ihren Leistungsangeboten, fehlende Koordination und unwirtschaftlichen Umgang mit Ressourcen (Meyer 1999, Monopolkommission 1997, § 24 b Abs. 5 Satz 1). Das komparatistische System sollte durch Formen der Monetarisierung abgelöst werden, Produkte und deren Effizienz sollten transparent und vergleichbar sein. Der demographische Wandel hin zu einer starken Überalterung der Gesellschaft warf zudem seine Schatten voraus. Die Prognose für 2025: Mehr als 30 % der deutschen Bevölkerung werden über 60 Jahre alt sein. Eine starke Nachfrage nach sozialen und gesundheitlichen Versorgungsdienstleistungen in der Zukunft ließ sich bereits in den 1990er-Jahre ablesen (Henzler 1999). Damit geriet die Frage in den Vordergrund, wie zukünftige soziale Hilfen finanziert werden und über welche Eigenschaften sozialwirtschaftliche Organisationen verfügen müssen, um entsprechend starke und anspruchsvolle Märkte versorgen zu können.

Diese politische Neubewertung bewirkte eine „Ökonomisierung der Sozialpolitik". Wohlfahrtsverbände sollten von nun an die Tendenz der Ausgabensteigerung kontrollieren und neue Effizienzreserven erschließen bzw. vorhandene ausschöpfen. In der Praxis war damit die Anwendung umfassender Kosten-Nutzenanalysen gemeint, deren Einzelmaßnahmen bis heute einen starken Druck auf sozialwirtschaftliche Unternehmen ausüben. Produkte, Dienstleistungen und deren Effizienz müssen geprüft, Ergebnisziele definiert und Controllingverfahren eingeführt werden. Ziel dieser Qualitätssicherungspolitik war es, Vergleichbarkeit und Wettbewerb unter freigemeinnützigen und privaten Leistungserbringern herzustellen (Moos und Klug 2009). Dazu die Begründung seitens des Bundesministeriums aus den 1990er-Jahren:

Er [gemeint ist der Einrichtungsträger] soll damit zu wirtschaftlichem und sparsamen Verhalten veranlasst werden. Zwar gelten bisher schon die Grundsätze der Wirtschaftlichkeit, Sparsamkeit, und Leistungsfähigkeit. Es lag jedoch weitgehend in den Händen des Einrichtungsträgers, inwieweit er seine Einrichtung nach den betriebswirtschaftlichen Gesichtspunkten führte. [...] Die Einrichtungen sollen angehalten werden, durch eine Ausschöpfung von Wirtschaftsreserven und durch eine effizientere Gestaltung der Hilfe die Leistungen kostengünstiger zu erbringen (Bundesministerium für Familien, Senioren, Frauen, Jugend 1994, S. 24)

Der Veränderungsdruck auf die Organisationen der freien Wohlfahrtspflege findet seit den 1980er-Jahren zeitgleich auf verschiedenen Ebenen statt. Es ergeben sich die gesamtgesellschaftliche Makroebene, die Mesoebene der Verbände und Organisationen und die Mikroebene der Bedingungen in den Einrichtungen und Diensten. Auf der Makroebene löst die Finanzierungskrise im Gesundheitswesen sozialgesetzliche Veränderungen aus, auf die Verabschiedung der Pflegeversicherung (1994) folgen die Novellierung des Bundessozialhilfegesetz (1996) und des Kinder- und Jugendhilfegesetz (1998). Mit diesen neuen gesetzlichen Rahmenbedingungen werden die neuen politischen Ziele deutlich und ein allgemeiner Systemwechsel wird aktiviert: stärkerer Markt und Wettbewerb, die Aufhebung des traditionellen Subsidiaritätsprinzip, eine Ausweitung der Anbieterstrukturen sowie die Etablierung von Leistungsbeziehungen zwischen Kostenträgern und Leistungsanbietern. Diese Prozesse spiegeln ebenfalls die europäischen Trends in der Gesetzgebung wider.

Für die Handlungsstrukturen der Organisationen und Verbände – der Mesoebene – ergeben sich nicht nur veränderte Beziehungen zwischen öffentlichen und freigemeinnützigen Trägern, auch gruppenintern wachsen Wettbewerbskonflikte zwischen den freigemeinnützigen Akteuren heran, die sich durch neue privat-gewerbliche Konkurrenten weiter verschärfen. Die Verbandsgeschäftsführungen sind gefordert, das eigene Leistungsportfolio und eine strategische Marktpositionierung zum alltäglichen Handwerkszeug werden zu lassen. Die traditionelle, gemeinnützige Orientierung muss betriebswirtschaftliche Lösungen integrieren können, bzw. zu ihren Gunsten zurücktreten. Wohlfahrtsverbände haben es schwieriger, sich in ihren Dienstleistungen und Unternehmensstrukturen voneinander abzugrenzen, das operative Geschäft gleicht sich an das der gewerblichen Dienstleister an. Gemeinnützigkeit und wertorientierte Identität rücken häufig ungewollt in den Hintergrund und können weniger zur Abgrenzung und Wettbewerbspositionierung genutzt werden.

Auf der Mikroebene zeigen sich weitere Effekte für die sozialen Einrichtungen und Dienste. Es wird nach alltagsbezogenen und überlebenssicheren Konzepten gesucht, die sowohl wirtschaftliche und verbandsideologische Ziele zulassen oder zumindest begünstigen. Die praktische soziale Arbeit mit Patienten, Bewohnern und Klienten wird schnell zu einem Spagat zwischen Ökonomisierung der Leistungen und der traditionellen, verbandscharakteristischen Wertschöpfung (Brinkmann 2005).

Auch die AWO Bremerhaven sieht sich mit den komplexer werdenden Rahmenbedingungen und den Forderungen aus der Öffentlichkeit, z. B. nach Ausgabentransparenz konfrontiert. Klar definierte Verwaltungs- und Managementstrukturen werden innerhalb der Organisation als notwendig zu schaffende Elemente erkannt. Die Erfordernisse sind hoch, traditionelle Dienstleistungen und Einrichtungen gemäß den veränderten sozialpolitischen Gesetzen neu an die gesellschaftlichen Bedarfe und Anspruchsgruppen anzupassen und strategisch neu aufzustellen.

Zum Schrittmacher dieser neuen sozialpolitischen Rahmenbedingungen wird in den Neunzigern die umfassende Reform in der Pflegeversicherung. Mit ihr schuf der Gesetzgeber die Voraussetzungen für den Wettbewerb zwischen freigemeinnützigen und privaten Trägern. Waren die Träger der freien Wohlfahrtspflege jahrzehntelang vor privat-kommerziellen Trägern privilegiert gewesen, mussten sie nun in der Lage sein, sich in einem freien Wettbewerb gegen ihre gewerblichen Konkurrenten durchzusetzen (vgl. § 11 Abs. 2 SGB XI). Kommunale und staatliche Anbieter sollten eine eher subsidiäre, dienstleistende Rolle spielen. Ein klassisches Marktmodell löst die traditionelle Partnerschaft zwischen Staat und freier Wohlfahrtspflege ab. Welche Möglichkeiten bietet das für sozialwirtschaftliche Organisationen? Ökonomisch betrachtet verfügten sie mit diesen neuen Rahmenbedingungen über ein höheres Maß an Freiheit, ein neuartiges, größeres Insolvenzrisiko eingeschlossen, da finanzielle Verluste nicht mehr durch ein Sicherheitsnetz staatlicher Instanzen aufgefangen werden können. Die massiven Kürzungen der staatlichen (und kirchlichen) Zuwendungen an Wohlfahrtsverbände durch die politischen Veränderungen stiegen beispielsweise in den Jahren zwischen 1996 bis 2004 am Beispiel der Berliner Caritas auf fast 50 % (vgl. Wittlich 2004, S. 45). Wohlfahrtsverbände, insbesondere diejenigen ohne kirchlichen Rückhalt, haben keine Wahl, sie müssen ihre Einnahmen auf dem freien Markt generieren. Dazu Günther Rühe als Geschäftsführer der AWO Bremerhaven kurz nach Einführung der Pflegeversicherung 1994:

> Trotz Krise erfahren wir seit 1991, z. B. im Bereich Pflege mit zwei zusätzlichen Pflegeheimen an den Standorten Bremerhaven und Burg einen Innovationsschub. Die AWO Bremerhaven vergrößert sich und wir als Führung müssen definieren, wie wir

neue Einrichtungen – fachlich und wirtschaftlich – absichern. Es gilt aus der „Idylle" aufzuwachen, sodass wir insbesondere mit und durch neue Einrichtungen und Leistungsangebote weiterexistieren können. Wir wollen uns der Fachdiskussion stellen und entscheiden wie wir z. B. die Altenpflege konkret mitgestalten – insbesondere vor dem Hintergrund des Paradigmenwechsels durch Einführung der Pflegeversicherung. Zudem müssen wir uns wirtschaftlich neu aufstellen, keinesfalls mit der Garantie einer „Vollversorgung" durch den Staat. Die AWO Bremerhaven muss sich am Markt behaupten. Die Pflegeversicherung formuliert ganz neue Anforderungen und das setzt einiges an Veränderungspotential frei, sicherlich bis 1998 und auch darüber hinaus. Für uns ist es mehr denn je wichtig vorrausschauend und zukunftsorientiert zu handeln: Einrichtungen müssen an die Ansprüche von Gesetzgeber und die der Bewohner der nächsten zehn Jahre angepasst werden, sowohl in der fachlichen Konzeptionierung wie auch in den Angeboten und Räumlichkeiten.

Die Veränderungsfähigkeit von sozialwirtschaftlichen Organisationen ist bis heute ein entscheidendes Element ihrer Zukunftsfähigkeit. Jetzt mehr in der Rolle professioneller Dienstleistungsunternehmen sind sie gefordert, mit qualitativ hochwertigen und gleichzeitig wettbewerbsfähigen Angeboten auf die Bedürfnisse ihrer Kunden und Klienten schneller und innovativer zu reagieren.

Speziell Wohlfahrtsverbände sind gefordert, ihr Management effizienter und zukunftsorientierter zu gestalten, um sich mit den gewerblichen Dienstleistern messen zu können und konkurrenzfähig zu sein. Jedoch liegt dem sozialen Markt eine monopolisierte Nachfrage mit zentral ausgehandelten Preisen von Seiten der Pflege- und Krankenkassen zugrunde. So wird es zur besonderen Herausforderung des neuen Marktes, dass trotz der liberal geprägten Maßnahmen keine vollständige Vereinbarkeit mit den Gesetzmäßigkeiten eines freien marktwirtschaftlichen Marktes erreicht werden kann. Freigemeinnützige soziale Unternehmen operieren im Gegensatz zu ihren gewerblichen Wettbewerbern in einem geschützten Sozialmarkt und sind gemeinwohlorientierten Zielsetzungen verpflichtet. Der Gemeinnützigkeitsstatus bietet Vor- und Nachteile. Gemeinnützige freie Träger genießen Steuerfreiheit bei der Körperschafts- und Gewerbesteuer (Erträge im ideellen Bereich, im Zweckbetrieb und der Vermögensverwaltung). Gleichzeitig bedingt die Gemeinnützigkeit eine Steuerermäßigung von 7 % in der Umsatzsteuer und Befreiungen für spezielle Umsätze (vgl. § 12 Abs. 2 Nr. 8a UStG, § 4 UStG). Privatgewerbliche Anbieter führen vergleichsweise 19 % Umsatzsteuer ab.

Freigemeinnützige sind außerdem berechtigt, Spenden zu erhalten und dafür Zuwendungsbestätigungen auszustellen. Eine strenge Einhaltung der Gemeinnützigkeitsvorschriften ist in der Sicherung der Begünstigungen maßgeblich: Viele Zuwendungsgeber machen die Vergabe von Mitteln von der Gemeinnützigkeit der geförderten Institution abhängig. Gemeinnützige freie Träger dürfen zwar Gewinne erzielen, diese allerdings – im Gegensatz zu ihren den privatgewerblichen Mitstreitern – nicht an Gesellschafter, Mitglieder und Dritte ausschütten. Grundsätzlich gibt der Gemeinnützigkeitsstatus vor, diese Gewinne für die im Gesellschaftervertrag bzw. in der Satzung festgelegten gemeinnützigen Zwecke zu verwenden. Die Wohlfahrtsverbände selbst erkennen diese mit dem Gemeinnützigkeitsstatus einhergehenden Nachteile. Private Anbieter verfügen über größere Spielräume bei der Erbringung ihrer Leistung und haben es durch ihre Wettbewerbsvorteile leichter als sozialwirtschaftliche Unternehmen, ihre Marktposition zu stärken (Moos und Klug 2009). Die Folge sind veränderte Refinanzierungsbedingungen, Kalkulationen und abgesenkte Preise von sozialen Dienstleistungen für freigemeinnützige Organisationen. Die Gemeinnützigkeit als typisches Merkmal der Identität der Wohlfahrtsverbände wird daher selbst aus den eigenen Reihen mehr und mehr infrage gestellt (Bangert und Roth 2007).

Der Konvergenz- und Integrationsprozess auf europäischer Ebene mit gemeinsamen Wettbewerbsrechten gefährden das europaweit einmalige Gemeinnützigkeitsprivileg der Wohlfahrtsverbände zusätzlich. Ein Wegfall der Gemeinnützigkeitskomponente hätte allerdings Auswirkungen auf die Positionierung sozialwirtschaftlicher Unternehmen, insbesondere auf die Identität der Wohlfahrtsverbände.

Die private Konkurrenz kritisiert die steuerlichen Vorteile der Wohlfahrtsverbände (z. B. steuerliche Abzugsfähigkeit von Spenden und die Befreiung von der Gewerbesteuer, Umsatzsteuer):

> […] man muss sich vergegenwärtigen, dass die privilegierten Einrichtungen ebenso wie jedes privat organisierte Pflegeunternehmen am Markt positioniert sind und daher hier nicht vorrangig im Rahmen ihrer grundsätzlich anerkannten Gemeinnützigkeit handeln. Die gemeinnützigen Träger gewähren keine Leistungen, die über das Leistungsspektrum privater Träger hinausgehen. Sofern gemeinnützige Träger der Altenpflege auch das bürgerschaftliche Engagement durch nebenberufliche Pflege und Betreuung fördern, haben sie die Möglichkeit, diesen Personen eine steuerfreie Entlohnung zu zahlen. (Bundesverband der Dienstleistungswirtschaft e. V. 2012)

Sozialwirtschaftliche und freigemeinnützige Organisationen reagieren mit ökonomischen Transformationsprozessen. Die Herausforderung besteht darin, sich unter den gegebenen Möglichkeiten im Zuge der geforderten Verbetrieblichung zu professionalisieren und sich trotz rechtlicher Eindämmung und Kontrolle gegen flexiblere, privatgewerbliche Konkurrenten durchsetzen bzw. mindestens erfolgreich neben ihnen bestehen. Neue Aufgaben, wie z. B. die aktive Gestaltung der sozialen

Märkte, eine professionelle Führung, die Einführung betriebswirtschaftlicher Instrumente und eine verantwortungsvolle Verbandsentwicklung sind wesentliche Elemente der ökonomischen Transformation in der Wohlfahrtspflege (Bangert und Roth 2007).

Mit diesen Anforderungen sah sich auch der Bundesverband der AWO konfrontiert. Es galt, die Vielfalt heterogener Dienste in den Landes und Kreisverbänden unter einem gemeinsamen „AWO-Dach" zu zentrieren, eine wirtschaftliche Infrastruktur in allen AWO-Gliederungen zu etablieren und sich mit betriebswirtschaftlichen Instrumenten gegenüber den wachsenden Anforderungen zu rüsten. Es wurde deutlich, dass die traditionellen Verantwortlichkeiten in der AWO den veränderten ökonomischen Rahmenbedingungen nicht entsprechen konnten. Beispielsweise identifizierte die AWO Bremerhaven Bedarfe einer flächendeckenden Modernisierung der IT-Infrastruktur für ihre AWO-Gliederungen, um diese als Basis für Fachanwendungen der Pflege- und Qualitätsdokumentation sowie als Plattform des zentralen Finanzcontrollings und Risikomanagements zu nutzen. Grundsätzliches Ziel musste sein, den Verband als Mitgliederorganisation und professionelles Dienstleistungsunternehmen zu modernisieren. Dazu einer der Leitsätze zur Verbandsentwicklung:

> Die AWO und ihre Einrichtungen müssen sich als Folge des Paradigmenwechsels neu als Unternehmen etablieren und sich dem Wettbewerb im Markt der Sozialwirtschaft gegenüber den konkurrierenden Anbietern stellen. Das neue AWO Unternehmertum verlangt eine Veränderung des Selbstverständnisses der Unternehmensführung vom staatsnahen Sozialbetrieb zum marktorientierten unternehmerischen Handeln. (AWO Bundesverband 2007, Grundsätze und Eckpunkte zur Verbandsentwicklung)

In der Bundeskonferenz 2007 entschied die AWO über die wesentlichen Schritte dieser Professionalisierung. Im Mittelpunkt steht hier die strategische Entflechtung der Verantwortungsbereiche zwischen operativem Bereich und „Idealverein". Bisher war die traditionelle Führung von ehrenamtlichen Vorständen ausgegangen. Ihre Steuerungsfunktion barg jedoch zunehmende Risiken: Ehrenamtliche und bürokratische Barrieren erschwerten den flexiblen Einsatz der für den marktwirtschaftlichen Wettbewerb entscheidenden Instrumente des Qualitäts- und Risikomanagements bis hin zu Marketingplänen. Geschäftsführungen sollten ihre operative Verantwortung wirtschaftlich professionell ausüben können. Eine neue Verantwortungsteilung sollte beide Aufgaben unter der gemeinsamen Wertorientierung synergetisch stärken und die Einheit nicht gefährden. So war das Ziel einerseits, eine praxisorientierte Entflechtung der Strukturen zu erreichen, und andererseits, eine verbandliche Einheit zu erhalten (Moos und Klug 2009).

Die Entflechtung der Verantwortung für Führung und Kontrolle darf die Einheit der AWO nicht gefährden. Die AWO-Mitgliederverbände bleiben in der Gesamtverantwortung für die AWO- Unternehmenspolitik. Das bedeutet insbesondere die aktive Wahrnehmung ihrer Verantwortung für die strategische Steuerung und Kontrolle der AWO-Betriebe (AWO 2007) und weiter: Im Falle der Entflechtung durch Ausgliederung bleibt der AWO-Mitgliederverband in der Gesamtverantwortung für die AWO Unternehmenspolitik. Er übernimmt die strategische Steuerung und Kontrolle der AWO-Unternehmen durch eine aktive Wahrnehmung der Gesellschafterverantwortung.

Die Ausgliederung von Geschäftsbereichen in eigenständige GmbHs wird in der AWO, wie in anderen Wohlfahrtsverbänden, zu einem Mittel der ökonomischen Transformation. Mit dieser Lösungsform werden kleinere Einheiten in die Lage versetzt, flexibler und schneller auf Anforderungen von außen reagieren zu können. Gleichzeitig können vorher teils hemmende, (vereins-)demokratische Entscheidungen vermieden werden. Auch die Annahme einer höheren Professionalität der Entscheidungen der Geschäftsführung und die Risikominderung für den Gesamtverband unterstützen die Möglichkeit der Ausgliederung von Einheiten (Moos und Klug 2009).

Neben der Ausgliederung von Gesellschaften ist der Ausstieg aus den Tarifverträgen der Wohlfahrtsverbände als ökonomische Anpassungsstrategie praktiziert worden. Durch ihren Ursprung als Kind der Arbeiterbewegung sieht sich die AWO im Zwiespalt: Einerseits sind da die eigenen Traditionen und Werte sowie die sie verkörpernden Personen. Andererseits stehen demgegenüber marktwirtschaftliche Zwänge, die aber auch Potenziale und Chancen ermöglichen. Die AWO möchte Letztere nutzen, ohne ihre tradierten Wurzeln zu verlassen.

3.1   Innovative Projekte und Entwicklungen

Die Organisation beschäftigt als gemeinnützige GmbH mehr als **1400 Mitarbeiter** in 70 eigenständigen Diensten und Einrichtungen.

2011 besteht der Kreisverband aus **800 Mitgliedern** und Förderern, **300 ehrenamtliche Helfer** unterstützen die soziale Arbeit in den Einrichtungen und Projekten.

Im Zeitraum von 1994 bis 2011 entstehen **35 neue Einrichtungen** und Angebote in den Arbeitsfeldern Kinder, Jugend und Familienhilfe, Migration und Integration, Pflege bzw. Betreutes Wohnen und Sucht.

1999 entwickelt die AWO Bremerhaven aus den Erfahrungen der Humanitären Hilfe im osteuropäischen Raum das vom Bundesamt für Migration und Flüchtlinge (BAMF) geförderte – **bundesweit einmalige** – **Projekt** „Heimatgarten" der freiwilligen Rückführung und Vor-Ort-Nachbetreuung von Kriegsflüchtlingen aus den Balkanstaaten mit elf Standorten im Bundesgebiet, später folgen Vor-Ort-Heimatgarten-Mitarbeiter in Afrika, Türkei, Iran und Irak, auch für die Betreuung eines veränderten Klientel von Migrationsgruppen (Asylbewerber, Opfer von Menschenhandel, Vertriebene u. a.).

Von 2005 bis 2009 werden **392 neue Mitarbeiter** eingestellt. Die Mitarbeiterzahl verdoppelt sich von 1992 bis 2010 von 631 auf 1235 Mitarbeiter.

Qualitätssicherung und ein zertifiziertes Projektmanagement werden mit einsetzendem Wachstum der AWO zu wesentlichen Funktionen in der Entwicklung neuer Aufgabenbereiche und Projekte. Heute ist die AWO als Anbieter von Pflegeleistungen, beispielsweise in der Ambulanten Pflege, **Marktführer** in Bremerhaven.

Ab 2005 setzt die AWO Bremerhaven als einer der **ersten Organisationen** in Deutschland in Kooperation mit dem innovativen Frühförderprogramm „Opstapje – Schritt für Schritt – HIPPY" mit programmeigenen, entsprechend qualifizierten Betreuern für Familien, Alleinerziehende und Migranten in ihren Familienzentren, Migrationsberatungen und Jugendhilfestationen ein.[1]

2007 wird die **Pflege- und Servicezentrale** in Bremerhaven eröffnet, sie vermittelt als Beratungscenter ältere, kranke und pflegebedürftige Menschen gemäß der Bedarfslagen an unterschiedliche Angebote der AWO-Pflegeheime sowie der ab 2007 entstehenden Einrichtungen der Tagespflege, des Betreuten Wohnens, den Wohngruppen und Angeboten für Demenzkranke bzw. Multiple-Sklerose-Patienten.

2008 entsteht die **Auxilium GmbH** mit **105 Stellen** als Service- und Versorgungsdienstleister für den Pflege-, Jugend- und Kindertagesstättenbereich der AWO, sowie auch für andere Träger und Kunden (Speisezubereitung und Transport, verschiedene Dienstleistungen für Heimbewohner).

Seit 2008 besteht die **Marie-Juchacz-Akademie** für Gesundheit und Pflege zur Ausbildung von Pflegefachkräften für die eigenen Pflegeeinrichtungen und Pflegeeinrichtungen anderer Träger. Geplant ist die **Programmerweiterung** der Akademie um Inhouse-Schulungen für die Fach- und Führungskräfte der AWO und anderer sozialer Trägern in Norddeutschland.

---

[1]Opstapje e. V. gewinnt 2010 den Innovationspreis und Best-Practice Award der Jacobs Foundation (vgl. http://award.jacobsfoundation.org/wp-content/ uploads/2010/10/Kurzinfo_ Opstapje_aprimo_Deutsch.pdf)

2009 vergrößert die AWO Bremerhaven die innovative, in der Region **einzigartige Jugendhilfe-Einrichtung** „Hamme Lou" für junge alleinerziehende Mütter und Schwangere auf drei Standorte und Adressatengruppen: Erstes Ziel ist die Anpassung des Angebots an die Bedarfe der Klienten, zweitens geht die AWO auf die starke Auslastung des Angebots und die überregionalen Anfragen seitens der Jugendämter ein.

Von 2008 bis 2010 entwickelt das IT-Management-Team der AWO einen **innovativen „IT Masterplan"** zur Auflösung einer in der Wachstumsphase entstandenen Heterogenität in der IT-Infrastruktur des Wohlfahrtsverbands. Der neue IT-Plan implementiert innovative Programmlösungen, z. B. in der Pflegedokumentation, aber auch im Risikomanagement und Controlling des Unternehmens.

Internationale Solidarität ist Programm in der AWO. Ursprünglich aus der ehrenamtlich erbrachten humanitären Hilfe hervorgegangen, führten Dauer und Umfang der sozialen Unterstützung Osteuropas zur Entstehung von drei AWO-Filialen vor Ort und einer Reihe von angegliederten EU-Projekten. In Kooperation mit der AWO Hildesheim und internationalen Partnerorganisationen in Österreich, Rumänien, Bulgarien, Polen und der Türkei initiiert die AWO laufend anwendungsorientierte Forschungsprojekte zu aktuellen Problemstellungen zur Europäisierung des Sozial- und Gesundheitswesens. Im Jahr 2011 entwickelt die AWO-Bremerhaven zu folgenden Themen Strategien und Best-Practice-Ansätze:

- „GESA"- Entwicklung eines integrierten Gesamtkonzeptes zur Steigerung der Exportfähigkeit von Dienstleistungen im Sektor Altenhilfe und Pflege
- „NEWA"- Projekt Netzwerk Altenhilfe: Intensivierung von Information und Beteiligung der Arbeitgeber und Arbeitnehmer für innovative Personal- und Strukturentwicklung im Netzwerk europäischer Partner
- „Euro Concret"-Entwicklung von geeigneten Standards und infrastrukturellen Maßnahmen in den Bereichen Gesundheit, Sozialmanagement und KMU-Beratung in Polen, aktuelle Projekte sind z. B., Komplexhilfe für Kinder mit Behinderungen und deren Eltern, Entwicklung von EU-Projekten mit GUS-Ländern (Ukraine, Weißrussland), Hilfe und Beratung für polnische Nichtregierungsorganisationen (NGO) zu EU-Programmen, z. B. Strukturfonds
- Verein „SWIP" zur Unterstützung von NGO-Initiativen in Polen, Ziele sind u.a. die Vernetzung und Wissensaustausch von Verbänden mit gleichen Zielen, Schulungen für NGO-Vertreter und -Koordinatoren, Vermittlung von Praktika für Sozialarbeiter in AWO-Einrichtungen der Altenpflege in Bremerhaven.

Aus dem Projekt „Heimatgarten", das als Ziel die freiwillige Rückführung und Betreuung von Kriegsflüchtlingen und Migranten verfolgt, entstehen einige, auf Randgruppen spezialisierte, EU-geförderte Kurzzeitprojekte, z. B.:

- „KUM" hat die Vermittlung von Patenschaften in Bosnien zum Ziel.
- „Brücken guter Nachbarschaft" hilft, illegale Migration in – nach Russland zu vermeiden.
- „NADA" fördert Kinder mit Entwicklungsverzögerungen und Behinderungen.
- „SATURN" leistet Rückbegleitung für illegale Einwanderern aus der Ukraine zurück in ihre Heimatländer.
- „Miteinander leben" fördert Maßnahmen, verschiedene ethnische Bevölkerungsgruppen in Serbien, Kosovo und Mazedonien miteinander zu versöhnen.
- „ZANA" bietet psychosoziale Behandlung für Rückkehrer-Kinder mit traumatischen Kriegserlebnissen. Zur operativen Unterstützung seiner Projekte setzt Heimatgarten europäische Freiwilligendienste und interkulturelle Kooperationen, z. B. mit Polen, ein. Begleitend zu allen ihren Projekten richtet die AWO Bremerhaven internationale konzeptionelle Foren und Fachtagungen aus. Gewonnene Erkenntnisse werden dokumentiert und anhand von Tagungsdokumentationen veröffentlicht.

Die Forschungsprojekte helfen der AWO Bremerhaven, auf die umgebenden sozialgesellschaftlichen Veränderungen angemessen zu reagieren und entsprechende Bedarfe frühzeitig erkennen zu können. In der Entwicklung von innovativen sozialen Hilfen nutzt der Verband die Zusammenarbeit und einen vielfältigen Austausch mit Praxispartnern im In- und Ausland. Die AWO reflektiert auf diese Weise eigene Bedarfsanalysen. Im Dialog mit anderen gelingt es leichter, die Zukunftsfähigkeit und Wirksamkeit von Unterstützungsformen kontinuierlich zu prüfen und zu verbessern. Die AWO sieht die internationale Netzwerkarbeit als Ausdruck europäischer Solidarität und Gemeinschaft. Die Öffnung nach außen und die Gestaltung eines Miteinanders ist wesentlicher Bestandteil der tief verwurzelten Wertorientierung der AWO.

Die Auslastung der Einrichtungen sowie die Nachfrage für die angebotenen Dienstleistungen werden von den Verantwortlichen, mit Schwerpunkt in den Einrichtungen der Pflege, als sehr positiv bewertet. Die positive wirtschaftliche Entwicklung wurde auch nicht durch zunehmende Konkurrenz gerade auch privater Anbieter beeinträchtigt. Bis 2011 erarbeitete sich die AWO Bremerhaven über die Grenzen ihres Einzugskreises hinaus, den Ruf, fachlich hochwertige Leistungen in den unterschiedlichen Feldern der sozialen Dienstleistungen zu erbringen. In 2011 erbringen die Qualitätsprüfungen des medizinischen Dienstes in den Pflegeeinrichtungen der AWO Bremerhaven Bestnoten. Neue und innovative Pflegekonzepte, beispielsweise eine „Pflege-Oase" und eine interkulturelle Pflegeeinrichtung für ältere türkische Menschen, werden bereits diskutiert.

3.2   Struktur und Organigramm

Die AWO Bremerhaven versteht sich einerseits als Mitgliederorganisation und als ein gesellschaftspolitisch aktiver Verband, andererseits als soziales Dienstleistungsunternehmen. Über ihren Heimatstandort hinaus bietet die Organisation bis in die Landkreise Bremerhaven und Stade hinein u. a. mit Pflegeheimen, Sprachheilkindergärten und Jugendhilfestationen soziale Unterstützung für Familien, Migranten, Kinder und Jugendliche an (siehe zur Struktur der auch AWO Bremerhaven Abb. 3.1).

Durch die Wiedervereinigung und verbandliche Kontakte gehören auch ein Pflegeheim in Saßnitz auf der Insel Rügen sowie ein entstandener Stadtverband mit zum Einrichtungsverbund.

Ein besonderes Merkmal sind die internationalen humanitären Aktivitäten und Projekte des Kreisverbandes. Mit Ausgang des Balkankonflikts steuert die AWO Bremerhaven ihre internationale Arbeit mit Schwerpunkt Osteuropa mit Hilfe von drei Gesellschaften in den Ländern Polen, Kroatien und Bosnien. Diese erfolgreichen

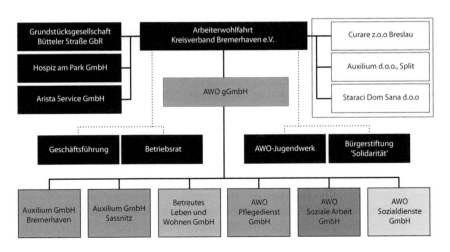

Abb. 3.1   AWO-Struktur

korporativen Mitgliedschaften sind als Kreisverbandsfilialen eigenständig und erlauben eine direktere Steuerung der vielfältigen Auslandsprojekte der AWO vor Ort. Der Kreisverband der AWO Bremerhaven ist seit 1946 als eingetragener Verein organisiert. In der Mitgliederversammlung 2008 werden Vorstand und Geschäftsführung bis einschließlich 2012 gewählt. Beide Elemente sind Funktionen eines dualen Führungssystems, welches 2008 auf Beschluss des AWO Bundesverbandes für alle AWO-Gliederungen vorgegeben wird[2]. Der Vorstand besteht in der AWO Bremerhaven aus einer Vorsitzenden, zwei Stellvertretern und vier Beisitzern. Der Vorstand trägt die rechtliche Verantwortung für die Wahrnehmung der Aufgaben des Kreisverbandes.

Die Verantwortung für die operative Leitung und Steuerung der Betriebe und Unternehmen obliegt dem Geschäftsführer Günther Rühe und seiner Stellvertretung, dem Prokuristen Hein Jacob. Die Geschäftsführung wird von dem Aufsichtsrat berufen, beraten und überwacht. Die Umsätze der Betriebe und Unternehmen der AWO Bremerhaven sind seit 2003 in einer übergeordneten, gemeinnützigen GmbH (gGmbH) zusammengefasst und als eigenständige Gesellschaften (GmbHs) ausgegliedert. Der Verein selbst ist noch immer das übergeordnete Dach des Kreisverbands und beheimatet Vorstand, ehrenamtlich Engagierte, Mitglieder und Förderer der AWO Bremerhaven (Abb. 3.1).

3.3 Umsatz

Im Jahr 2010 erwirtschaftet die AWO Bremerhaven einen **Gesamtumsatz von 39.5 Mio. €**. Dieser setzt sich zusammen aus ca. 32 Mio. Umsatzerlösen aus den in Tab. 3.1 dargestellten Dienstleistungen:

Tab. 3.1 Dienstleistungen

	Umsatz	Anteil
Pflege	18.000.000 €	56 %
Kinder- und Jugend	6.000.000 €	19 %
Beschäftigung, Gesundheit und Projekte	5.000.000 €	16 %
Psychisch Kranke	3.000.000 €	9 %

---

[2]In Anlehnung an die Weiterentwicklung des Deutschen Corporate Governance Kodex hatte die Einführung dieses Systems die Trennung von Funktionen der Führung und Aufsicht der Betriebe und Unternehmen anhand verschiedener Organisationsmodelle zum Ziel, vgl. AWO Unternehmenskodex, 2008, S. 195–197.

Hinzu kommen Zuweisungen und Zuschüsse, Erträge aus Wertpapieren, Ausleihungen sowie sonstige Zins- und betriebliche Erträge in der Höhe von 7,5 Mio. €. Von den Umsatzerlösen entfallen 92,15 % auf den Großraum Bremerhaven und 7,85 % auf die Einrichtungen des Verbandes in der Stadt Burg auf der Insel Fehmarn. Das Dienstleistungsportfolio der AWO Bremerhaven umfasst im Jahre 2011 folgende Bereiche:

- Wohnen und Pflegen
- Familie und Kinder
- Jugendliche
- Migranten
- Beratung und Betreuung
- Arbeit und Bildung
- Freizeit und Erholung
- Internationale Arbeit

Lehrplan und Lehrstrategie

4

Max Kuchenbuch

Ziel dieser Case Study ist es, den Bearbeiterinnen und Bearbeitern einen umfassenden Einblick in die Themenfelder Sozialwirtschaft zu geben. Hierbei werden der aktuelle Stand der Forschung sowie die zentralen Inhalte zu den Themen strategische Positionierung, Unternehmensführung, -kultur und -wachstum vermittelt. Am Ende des Kurses sollen die Bearbeiterinnen und Bearbeiter der Case Study einerseits in der Lage sein, einen Überblick über das Forschungsfeld zu geben und andererseits die Komplexität und Vielseitigkeit auf die Praxis zu übertragen. Dabei sollen ihre Fähigkeiten zur Präsentation wissenschaftlicher Arbeiten ausgebaut werden.

4.1 Allgemeine Lernziele

Der Kurs, in dessen Rahmen dieses Buch eingesetzt wird, soll den Teilnehmenden die Möglichkeit geben, selbst Schwerpunkte zu setzen, indem sie sich einzelne Themen aus dem Management von sozialwirtschaftlichen Unternehmen herausgreifen und selbständig vertiefen können. Das Erlernte aus den einzelnen Schwerpunkten wird dann von den Teilnehmenden im Rahmen von Präsentationen im Plenum vorgestellt und diskutiert. Dies soll den Studierenden die Möglichkeit geben, zum einen selbständig ein Thema zu strukturieren, wissenschaftlich aufzuarbeiten und zu präsentieren. Zum anderen steht im Vordergrund, dass die Teilnehmenden lernen, sich kritisch mit der Materie auseinanderzusetzen und diese auf andere Sachverhalte übertragen. Das Seminar findet als Blockveranstaltung

M. Kuchenbuch (✉)
Case Studies, Leuphana Universität Lüneburg, Lüneburg, Deutschland
e-mail: case-studies@leuphana.de

© Springer-Verlag GmbH Deutschland 2017
E. van Hueth et al., *Sozialwirtschaft*,
DOI 10.1007/978-3-662-54006-0_4

statt. Während der Kick-off-Veranstaltung erfolgt eine Einführung in das Thema. Zu diesem Termin werden die Themen der Seminararbeiten vergeben. Während der Bearbeitungszeit des Themas bis zum Vortragstermin sollte der Dozent in einer Sprechstunde und per E-Mail unterstützend zur Verfügung stehen. Mit dem Bearbeiten der Fallstudie sollen folgende Kompetenzen erworben werden:

- ein Grundverständnis für das Management von sozialwirtschaftlichen Unternehmen
- Vertiefung vorhandener Kenntnisse
- neuere Entwicklungen in Forschung und Praxis der freien Wohlfahrtspflege kennenlernen und vertiefen
- Konzepte des Managements zu Leadership, Business Model, Unternehmenskultur und Personalmanagement

4.2   Inhalte des Kurses

Zur Vermittlung des Verständnisses der Sozialwirtschaft werden den Teilnehmern zunächst die wirtschaftliche Bedeutung der freien Wohlfahrtspflege und die Ursprünge des sozialen Unternehmertums vermittelt. Sodann sollen die grundlegenden Begriffe und Konzepte, die sich hinter der Sozialwirtschaft verstecken, erläutert und erarbeitet werden. Danach erfolgt der Arbeitsauftrag für die Teilnehmenden, der mit der Erstellung eines Businessplans für ein sozialwirtschaftliches Unternehmen unter Berücksichtigung der Analysewerkzeuge (Kap. 5).

4.2.1   Ursprünge sozialer Unternehmen

Um ein Social Business besser verstehen zu können, ist das erste Ziel der Fallstudie, den Teilnehmenden die Motivationen zur Gründung sozialer Unternehmen näher zu bringen. Sie sollen im Plenum diskutieren, welche bekannten Unternehmen in diese Kategorie fallen. Beispiele sind etwa *Dialog im Dunkeln*, die *Grameen Bank* oder *Aravind*. Durch den Friedensnobelpreis für Muhammad Yunus im Jahr 2006 stieg die Aufmerksamkeit für den Bereich Social Business und Social Entrepreneurship erneut an. Mittlerweile sind Social Businesses und andere soziale Unternehmen ein wichtiger Bestandteil unserer Gesellschaft. Doch soziale Unternehmen und Organisationen existieren nicht erst seit dem letzten Jahrzehnt. Die Gründung der Kirche kann als Ausgangspunkt der sozialen Entwicklung und als Vorreiter einer sozialen Organisation angesehen werden (Volkmann, Tokarski und

Ernst 2012). Sie versuchte, mit ihren Werten und dem Glauben Bedürftigen zu helfen und Menschen Hoffnung zu vermitteln. So gründete die christliche Kirche erste Krankenhäuser und half Bedürftigen durch verschiedene Institutionen wie dem Johanniter- und Malteserorden oder dem Deutschen Orden. Obgleich die Kirche für viele Taten aus ihrer Vergangenheit kritisiert werden muss, finden sich bei ihr viele erste Ansätze für die Entwicklung eines sozialen Unternehmertums in Europa (Volkmann et al. 2012).

Weitere Ursprünge von Social Businesses finden sich in der Zeit der Europäischen Aufklärung (Volkmann et al. 2012), da hier der private Sektor gestärkt wurde und so die ersten Unternehmen entstehen konnten (Bornstein und Davis 2010).

Eines der ersten sozialen Unternehmen, das als solches registriert wurde, waren die Cooperative Villages, die 1799 von Robert Owen in England gegründet wurden. Auch in anderen Ländern gab es zu dieser Zeit erste soziale Unternehmen (Romero-González und Gómez und Hernández 2010). Positiven Einfluss auf die Entwicklung neuer Sozialunternehmen hatte beispielsweise Wilhelm von Humboldt. Er gründete 1809 eine bedeutende Universität in Berlin und gilt als einer der wichtigsten Social Entrepreneurs seiner Zeit (Gergs 2011). Er konzipierte ein dreistufiges Bildungsmodell, das deutlich effizienter funktionierte als in anderen Ländern der damaligen Zeit. Es konzentriert sich auf die Bildung des Menschen unabhängig vom bürgerlichen Stand. Noch heute beeinflusst die Arbeit von Humboldt das Wirken an vielen Universitäten weltweit (Benner 2003).

Auch Florence Nightingale war eine der wichtigsten Social Entrepreneure (Bornstein 2007). Durch ihre Innovationen wurden die hygienische Bedingungen, u. a. die Krankennahrung oder das regelmäßige Wechseln der Verbände, stark verbessert und die Sterberate in den Lazaretten des Krimkrieges (1854) konnte deutlich reduziert werden (Gergs 2011). Mittels der gestiegenen Popularität konnte sie 1860 die erste Krankenschwesterschule eröffnen und so die Ausbildung von medizinischen Hilfskräften professionalisieren. Sie revolutionierte damit das Gesundheitswesen, da nicht mehr nur Ärzte eine Ausbildung bekamen, sondern auch das medizinische Hilfspersonal (Beckmann 2011). In den folgenden Jahren wurde der Nährboden für ein rasches Wachstum dieses Gebietes gelegt (Volkmann et al. 2012). Auch in anderen Bereichen der Gesellschaft entstand soziales Engagement: die Suffragetten-Bewegung, die für das Frauenwahlrecht kämpfte, die Abschaffung der Sklaverei durch Abraham Lincoln oder die grundlegenden Gefängnisreformen (Beckmann 2011).

Die bisher angeführten Beispiele sozialen Engagements waren nicht darauf ausgerichtet, Unternehmen zu gründen. Vielmehr waren es innovative Ideen, die entweder vom Staat oder staatsnahen Organisationen umgesetzt wurden. Doch auch private Sozialunternehmen entstanden, die eine besondere Form der

Wirtschaftsorganisation bildeten. Eines der ersten Sozialunternehmen gründeten Friedrich Wilhelm Raiffeisen und Franz-Hermann Schulze-Delitzsch im Jahr 1849. Es war die erste landwirtschaftliche Genossenschaft (von Müller 2010). Sie vergab hauptsächlich Mikrokredite an notleidende Menschen, um sie aus der Armut herauszuführen (Guinnane 1997). Sozialreformer wie Wilhelm von Humboldt, Friedrich Wilhelm Raiffeisen oder Florence Nightingale wirkten im 19. Jahrhundert als „soziale Innovatoren" (Hackenberg und Empter 2011).

Anfang des 20. Jahrhunderts veränderte sich das Unternehmertum. Durch die Industrialisierung entwickelten sich kleine Werkstätten zu großen globalen Konzernen. Unternehmer wie Robert Bosch erlangten durch das Automobil einen großen wirtschaftlichen Erfolg. Robert Bosch nahm dies zum Anlass zu soziales Engagement. Er engagierte sich beispielsweise im ersten Weltkrieg für die Verwundeten, indem er Fabriken zu Lazaretten umbauen ließ. Außerdem gründete er eine eigene Stiftung, die sich technischen und bildungspolitischen Problemen widmet und bis heute Verwalterin des Unternehmens ist (Scholtyseck 1999). Zu dieser Zeit war der Sozialstaat noch nicht entwickelt und es bestand kaum öffentlicher Druck zu sozialem Handeln, sodass die Maßnahmen von Robert Bosch aus heutiger Sicht eine Besonderheit darstellen.

Unternehmerisches Handeln für die Gesellschaft hat in Deutschland eine lange Tradition. Nach dem Ersten Weltkrieg und noch stärker nach dem Zweiten Weltkrieg erhöhten die Staaten in Europa ihr soziales Engagement. Es wurden immer mehr Sozialleistungen, wie die Arbeitslosen- oder Rentenversicherung, geschaffen (Chevalier 2004). In Deutschland wurde die freie Wohlfahrtpflege gegründet, zu der kirchliche, humanitäre und politische Organisationen gehören, wie die AWO, der Caritasverband oder das Rote Kreuz. Dieses soziale Engagement wird zu 90 % aus staatlichen Mitteln über die Sozialversicherungen finanziert. Beckmann (2011, S. 70) charakterisiert diese Verbände als „Non-loss-" und „Non-dividend"-Unternehmen. Über 1,5 Mio. Menschen arbeiten inzwischen bei den Verbänden, was ihren Stellenwert für die Gesellschaft verdeutlicht (Scholtyseck 1999). In den letzten 50 Jahren wuchs der soziale Sektor stark an. Er gehört in Deutschland seit 1960 zu den größten Wachstumsbranchen (Puch 2001). So erhöhte sich die Anzahl der Beschäftigten in der Kirche von 317.988 auf 1,19 Mio. innerhalb von 44 Jahren (Lührs 2006).

4.2.2 Definition und Konzepte

Der erste Begriff, der hier erläutert werden soll, ist „Social Business". Das Grundkonzept existiert schon seit vielen Jahren, allerdings taucht es unter verschiedenen Namen wie Social Venture (Hockerts 2006) oder Social Enterprise (Defourny und

Nyssens 2010) auf. Diese Organisationen variieren zwar in ihrer Struktur, haben aber die Kernelemente der sozialen Innovation und Marktorientierung gemeinsam (Wilson und Post 2013). Deshalb werden sie oft auch als hybride Organisationen bezeichnet (Billis 2010; Brandsen, Dekker und Evers 2010), die zwischen kommerziellen Unternehmen und Non-Profit-Organisationen stehen (Wilson und Post 2013). Social Businesses sind also Unternehmen, die keinen Verlust erwirtschaften, keine Dividende an die Anteilseigner ausschütten und eine soziale Mission verfolgen (Wilson und Post 2013; Yunus und Weber 2010). Eine entscheidende Konkretisierung und die Prägung des Begriffes gelang Muhammad Yunus (2007), indem er sieben Kriterien aufstellte, die ein Social Business erfüllen müsse:

- Das Ziel, soziale Probleme in Anlehnung an die UN Development Goals zu lösen
- Ökonomische Nachhaltigkeit
- Ökologische Nachhaltigkeit
- Investoren erhalten über ihren Investitionsbeitrag hinaus keine Dividenden
- Der erwirtschaftete Profit wird zur Verbesserung und Expansion reinvestiert
- Löhne auf Marktniveau, dabei aber bessere bzw. überdurchschnittliche Arbeitsbedingungen
- Mach es mit Freude!

Diese Kriterien sind sehr speziell und richten sich eher an die Praxis als an die Wissenschaft. Trotzdem griffen viele Wissenschaftler die Konkretisierung von Yunus auf, um diese weiterzuentwickeln. So sieht Spiegel (2011) darin den Startpunkt für weitere Forschungsinitiativen. Yunus (2007) erklärt, dass Social Businesses die Chance bieten, unsere heutige Gesellschaft nachhaltig zum Positivem zu verändern: „by defining entrepreneur in a broader way we can change the character of capitalism radically." Mit diesem Trend werden Geschäftsmodelle entwickelt, die den Menschen gezielt helfen sollen, und somit die Möglichkeit eröffnen, den Kapitalismus gezielt zu erneuern (Beckmann 2011). Neben Social Business wird der Begriff des Social Entrepreneurship häufig verwendet. Für die Bearbeiterinnen und Bearbeiter besteht hier die Aufgabe, Unterschiede und Gemeinsamkeiten herauszuarbeiten und eine genaue Abgrenzung vorzunehmen.

Der Begriff Social Entrepreneurship wurde u. a. geprägt von Bill Drayton, der 1980 die Organisation Ashoka gründete. Der ehemalige Unternehmensberater unterstützt mit dieser Organisation Menschen, die erfüllt sind von einer sozialen Vision, die sie unternehmerisch umsetzen möchten (Mair und Marti 2006). Ein weiterer wichtiger Impulsgeber war Bill Strickland, der 1967 die Manchester Craftsmen's Guild gründete, in der Kinder aus armen Verhältnissen die Chance erhalten einen Schulabschluss zu machen. 90 % der Kinder besuchen nach dem erfolgreichen Abschluss auch die Universität (Perrini 2006).

Nach einigen Jahren wurde das Konzept Social Entrepreneurship auch in der Wissenschaft vielfältig diskutiert, wodurch verschiedene Definitionen mit unterschiedlichen Blickwinkeln entstanden (Short, Moss und Lumpkin 2009). Volkmann et al. (2012) erklären, dass keine genaue Definition der wichtigsten Terme innerhalb der Social-Entrepreneurship-Forschung existiert. Das liegt vor allen Dingen daran, dass Social Entrepreneurship aus vielen verschiedenen Richtungen betrachtet werden kann (Dacin, Dacin und Matear 2010). Deshalb lassen sich verschiedene Klassifikationen von Social Entrepreneurship vornehmen. Mair und Martí (2006) identifizieren drei Hauptströmungen in der Literatur:

• Social Entrepreneurship als „not for profit Initiativen" mit alternativen Finanzierungsstrategien, Managementstrategien und Organisationsformen die einen gesellschaftlichen Wert kreieren (Austin, Stevenson und Wei- Skillern 2006).
• Social Entrepreneurship kann als Corporate Social Responsibility Initiative von Unternehmen gesehen werden, die ein Joint Venture oder eine Kooperation mit einer sozialen Organisation eingehen (Sagawa und Segal 2000).
• Social Entrepreneurship als Mittel, um soziale Probleme zu lösen und diese in der Gesellschaft zu verankern (Alvord, Brown und Letts 2004).

Im ersten Punkt wird deutlich, dass Social Entrepreneurship eine besondere Form des Entrepreneurship sein kann (Williams und Tan 2005). Der zweite Punkt verdeutlicht das bereits genannte Beispiel von Corporate Social Responsibilty durch das Joint Venture zwischen Danone und der Grameen Bank. Der dritte Punkt zeigt, dass ein Social Entrepreneurship eine bestimmte Ausprägung eines Social Business sein kann (Mair und Marti 2006). Dacin et al. (2010) erweitern diese Konzepte, indem sie vier Forschungsfelder im Bereich Social Entrepreneurship erkennen: Charakteristika von Social Entrepreneurs, der operative Bereich von Social Entrepreneurship, die genutzten Prozesse und Ressourcen und die primäre Mission und deren Erfolg.

Das erste Forschungsfeld konzentriert sich auf die Charakterisierung des Social Entrepreneurs, in dem auf die individuellen Verhaltensweisen, die benötigten Fähigkeiten und persönliche Motivation eingegangen wird (Light 2009). Dabei wird diskutiert, worin die Unterschiede zwischen sozialen und anderen Formen von Entrepreneurship bestehen (Tan et al. 2005). Bornstein (2007) definiert Social Entrepreneurs als Menschen, die mit ihrer Vision soziale Probleme lösen wollen. Social Entrepreneurship kombiniert also das Einfallsreichtum vom traditionellen Entrepreneurship mit der Mission, die Gesellschaft positiv zu verändern (Dees 1998; Prabhu 1999; Short et al. 2009).

Die Beschreibung des operativen Bereiches, in dem Social Entrepreneure arbeiteten, bietet einen weiteren Blickwinkel. Viele Beiträge befassen sich mit der speziellen Gründungsphase von Social Entrepreneurs und dem Marktsegment, in dem soziale Dienstleistungen und Produkte angeboten werden (Dorado 2006). Zahra et al. (2009) ergänzen diese Herangehensweise und bezeichnen Social Entrepreneurship als die primäre Aufgabe des Social Entrepreneurs in seiner sozialen Organisation. Dacin et al. (2010) konzentrieren sich auf die Auswahl der Prozesse und Ressourcen, die genutzt werden, um ein soziales Unternehmen zu gründen und zu führen. Der finale Ansatz stellt die primäre Mission und das Ergebnis von Social Entrepreneurships in den Vordergrund. Da der Erfolg vorrangig über den geschaffenen sozialen Wert gemessen wird, rückt dieser Begriff bei der Definition in den Vordergrund (Dacin et al. 2010). Hibbert, Hogg und Quinn (2005) sehen Social Entrepreneurship als eine Aktivität, die soziale Bedürfnisse befriedigt oder sich um die Belange von gesellschaftlich benachteiligten Menschen kümmert. Viele Autor/innen merken an, dass der ökonomische Erfolg gesichert sein muss, da sonst die soziale Mission nicht nachhaltig erfüllt werden kann (Mair und Marti 2006).

Die hier gezeigten Definitionen von Social Entrepreneurship stehen zum größten Teil im Zusammenhang mit dem Begriff Social Business. So rücken auch hier die soziale Mission und der damit im Zusammenhang stehende soziale Nutzen im Vordergrund. Außerdem sind die eingesetzten Ressourcen von entscheidender Bedeutung, um die Ziele des Social Entrepreneurs zu erreichen. Deshalb führen einige Autor/innen beide Konzepte zusammen und bezeichnen die Organisationen von Social Entrepreneurs als *Social Entrepreneurial Organization* (Beckmann 2011; Hackenberg und Empter 2011; Heinze, Schneiders und Grohs 2011). Andere Autor/innen sehen Social Business eher als Teil der Social-Entrepreneurship-Bewegung, da es das Produkt einer sozialen Gründung sein kann. Allerdings ist der Begriff Social Entrepreneurship deutlich weiter gefasst, da auch Non-Profit-Organisationen mit eingeschlossen sind (Mair und Marti 2006).

Social Enterprise ist eine weitere Bezeichnung, die eng im Zusammenhang mit dem Begriff Social Business steht. Dieser Term existiert in der Literatur schon deutlich länger als die Begriffe Social Business oder Social Entrepreneurship. Am Anfang der Social-Enterprise-Forschung wurde dieser Begriff als Non-Profit-Organisation definiert, die öffentliche Güter oder Dienstleistungen anbietet, die der Staat nicht im ausreichenden Maße zur Verfügung stellt und auch auf freien Märkten nicht angeboten werden (Hansmann 1987). Dart (2004) sieht in Social Enterprises eine Revolution im Non-Profit-Sektor, da sie sich in Strategie, Struktur, Werten und Normen von traditionellen Non-Profit-Organisationen unterscheiden. Sie konzentrieren sich auf die Kundenbedürfnisse und verbinden so eine soziale und finanzielle Motivation, die Emerson und Twersky (1996) als „double bottom line" bezeichnen.

Diese Organisationen treten beispielsweise in den Bereichen Bildung, erneuerbare Energien oder Kultur immer dann auf, wenn die Sektoren Staat und Markt versagen (Díaz-Foncea und Marcuello 2012). Defourney und Nyssens (2010) sehen Social Enterprises daher als Organisationen, die Problemgruppen des Arbeitsmarktes eine Perspektive bieten können. Auch das Europäische Forschungsnetzwerk EMES unterstreicht, dass das Ziel von Social Enterprises darin besteht, im Non-Profit-Sektor einen Nutzen für die Gesellschaft zu leisten (Defourny und Nyssens 2012). Um diese Art von Organisation zu unterstützen, entwickelte die Europäische Union sieben Prinzipien (Díaz-Foncea und Marcuello 2012):

- Vorrang individueller- und sozialen Ziele vor Kapitalinteressen
- Ehrenamtliche und offene Mitgliedschaft
- Demokratische Kontrolle durch die Mitglieder/innen
- Verbindung der Mitglieder/innen-Interessen mit den allgemeinen Interessen
- Verteidigung und Implementierung der Werte Solidarität und gesellschaftliche Verantwortung
- Unabhängigkeit des Managements hinsichtlich staatlicher Eingriffe
- Überschüsse sollen für die nachhaltige Entwicklung der Organisation oder die Interessen der Mitglieder/innen genutzt werden

Durch diese Vorgaben möchte die Europäische Union ihre Mitgliedsstaaten animieren, die Förderung von Social Enterprises vorzunehmen (Díaz-Foncea und Marcuello 2012). Die Ziele von Social Enterprises und Social Businesses sind sehr ähnlich, da beide Arten von Organisationen langfristig soziale Probleme lösen wollen (Trivedi und Stokols 2011). Der entscheidende Unterschied zu einem Social Business liegt in der Gewinnorientierung. Während Social Enterprises als ausschließliche Non-Profit-Organisationen arbeiten, streben Social Businesses mindestens keinen Verlust an, um wirtschaftlich autark arbeiten zu können. Durch diese Einschränkung wird deutlich, warum für diese Arbeit der Begriff des Social Business gewählt wurde, da gezeigt wird, wie ein Unternehmen das eine Belegschaft hat, die zu 50 % aus Menschen mit Behinderung besteht, gewinnorientiert arbeitet.

Zur Beschreibung der in der Einleitung formulierten Problemstellung eignet sich am besten das Konzept Social Business, da im Gegensatz zu Social Entrepreneurship, der gesamte Fokus auf das Unternehmen ausgerichtet ist. Des Weiteren trifft der Begriff Social Enterprise nicht den Kern dieser Arbeit, da diese Organisationen meist vom Staat finanziert werden und somit nicht selbsttragend arbeiten. Doch gerade dieser Aspekt ist bei der Bearbeitung von besonderer Bedeutung, da ein gewinnorientiertes Unternehmen unter anderen Effizienzbedingungen arbeitet, als eine soziale Organisation, die ihr Geld ohne marktwirtschaftliche Kriterien zugewiesen

Tab. 4.1 Unterschiede zwischen kommerziellen und sozialen Unternehmen (in Anlehnung an Beckmann (2011)

	Social Business	Kommerzielles Business
Oberstes unternehmerisches Ziel	Soziale bzw. ökologische Nutzenmaximierung	Gewinnmaximierung
Befriedigung gesellschaftlicher Bedürfnisse	Direkt über das unternehmerische Ziel	Indirekt über die Gewinnmaximierung

bekommt. Wie oben beschrieben, gibt es natürlich Überschneidungen zwischen den Begriffen Social Business und Social Entrepreneurship/Social Enterprise.

Eine weitere Aufgabe für die Bearbeiterinnen und Bearbeiter ist es, eine Abgrenzung zu konventionellen Unternehmen zu entwickeln. Hier können mehrere Argumente angeführt werden:

Um den Unterschied von sozialen und kommerziellen Unternehmen zu verdeutlichen (siehe Tab. 4.1), kann man zwei Zitate von Friedman und Yunus heranziehen. Milton Friedmann (1970) sieht die soziale Verantwortung von Unternehmen darin, dass sie einen Gewinn generieren. Dieses Gewinnstreben führt ohne staatliche Eingriffe auch auf gesellschaftlicher Ebene zu Verbesserungen. Somit sind Gewinne ein Anreiz für die Unternehmen und für die Gesellschaft Mittel zum Zweck, um einen bestmöglichen sozialen Nutzen zu erzielen (Beckmann 2011). Muhammad Yunus (2007, 2010) beschreibt es gegenteilig: Die soziale Verantwortung von Unternehmen besteht nicht nur darin, einen Profit zu erzielen, sondern soziale Ziele der Gesellschaft zu erfüllen. Das heißt, das oberste Ziel von Social Businesses ist es, den sozialen oder ökologischen Nutzen zu maximieren. Der Unterschied zwischen kommerziellen und sozialen Businesses liegt in der Priorität zwischen der Kreierung von sozialem und ökonomischem Nutzen. Bei der Zielhierarchie steht bei Social Businesses der soziale Nutzen deutlich vor dem ökonomischen Nutzen, weil sonst das Geschäftsmodell nicht funktionieren würde (Mair und Marti 2006). Bei kommerziellen Unternehmen ist der soziale Nutzen ein Zusatzprodukt (Venkataraman 2002). Es kann argumentiert werden, dass kommerzielle und Social Businesses keine konkurrierenden Ziele haben, sondern diese auf unterschiedlichen Wegen erreichen wollen (Beckmann 2011).

Einige Autor/innen gehen noch einen Schritt weiter. Da Social Businesses auch gewinnwirtschaftlich arbeiten, bieten sie auf zwei Wegen einen gesellschaftlichen Nutzen: direkt durch das Geschäftsmodell und indirekt über die Steigerung des Gewinnes (Volkmann et al. 2012). Lingane und Olsen (2004) erläutern, dass die soziale Wirkung von Social Businesses somit größer ist als im Industriestandard. Kommerzielle Unternehmen erhöhen zwar den Wohlstand einer Gesellschaft durch das Erbringen von Leistungen und die Schaffung von Arbeitsplätzen, doch dieser soziale Nutzen fällt schwächer aus als bei Social Businesses. Wie oben beschrieben liegt die Hauptleistung von Social Businesses nicht in den finanziellen, also gut operationalisierbaren Kategorien, sondern in der sozialen Mission, die nur schwer messbar ist. Zwar kann gezeigt werden, wie viele Menschen Hilfe oder einen Arbeitsplatz durch das Unternehmen erhalten haben, aber die Messung der Wirkung und der Nachhaltigkeit fällt dabei schwer (Studdard und Darby 2011).

Trivedi und Stokols (2011) sehen ein großes Problem in der Vergleichbarkeit der Performance von Social Businesses und kommerziellen Unternehmen, da bei Letzteren hauptsächlich das Wachstum als Indikator für die Performance herangezogen wird. Einige Autor/innen stufen das Wachstum zum unabdingbaren Überlebensmerkmal eines kommerziellen Unternehmens ein (Bantel 1998; Murphy, Trailer und Hill 1996). Social Businesses stehen nicht unter diesem Wachstumszwang, da sie die finanzielle Nachhaltigkeit nur als zweitrangiges Ziel haben. Ein großer Unterschied von sozialen und kommerziellen Unternehmen besteht im Strategiebildungsprozess. Da das oberste Ziel von Social Businesses darin besteht, ihre soziale Mission zu erfüllen, ist diese auch die wichtigste Treibkraft für die Strategie des Unternehmens (Mair und Marti, 2006; Peredo und McLean 2006). Somit ist die Formulierung der sozialen Mission gleichzeitig eine strategische Ausrichtung der Organisation. Um langfristig überleben zu können, muss die soziale Mission erfüllt werden (Studdard und Darby 2011).

Neben der Abgrenzung zu kommerziellen Unternehmen, muss auch eine Trennung zu anderen sozialen Initiativen erfolgen, die oft durch Spenden finanziert werden. Social Businesses haben im Vergleich zu spendenfinanzierten sozialen Verbesserungen einen größeren Nutzen, da sie ein nachhaltiges Konzept beinhalten. Im Idealfall entsteht eine Organisation, die sich dauerhaft um die Lösung eines Problems bemüht. Eine Spende mildert ein Problem zwar, aber löst es nicht. Außerdem werden Bedürftige aus dem „psychologischen Gefängnis der Almosen […] befreit", da sie nun eher Empfänger von Dienstleistungen sind oder selbst tätig werden (Spiegel 2011, S. 136). Diese Arbeit soll keine Wertung darüber abgeben, welcher Ansatz dazu besser geeignet ist, gesellschaftliche Probleme zu lösen, sondern es sollte in diesem Abschnitt gezeigt werden, dass Social Businesses anders funktionieren als kommerzielle Unternehmen und deshalb andere Mechanismen und Verhaltensweisen in der Organisation existieren.

Arbeitsauftrag für die Teilnehmenden Im Anschluss sollen die Teilnehmenden in Kleingruppen erarbeiten, wie ein Businessplan von einem Social Business aussehen kann. Dabei sollen sie sich in die Rolle eines Gründers hineinversetzen, alle wichtigen Kapitel eines Businessplanes auflisten und besonders auf die strategische Positionierung eingehen. Danach soll jede Gruppe ihre Ideen im Plenum präsentieren. Dies soll als Elevator Pitch erfolgen. Jede/r Teilnehmende darf Punkte verteilen, sodass am Ende das beste Projekt gewinnt. Wichtige Punkte zur Positionierung des Unternehmens sind dabei: die kommunizierbaren Kernkompetenzen, mein Aufgabenfeld, mein Geschäftsfeld, meine Zielgruppe, das Problem der Zielgruppe, Bedürfnisse der Zielgruppe und Strategische Partner/innen.

4.2.3 Entwicklungsperspektiven

Das letzte Modul der Fallstudie soll die Kreativität der Teilnehmenden stärken, indem sie sich in den Gruppenreferaten mit den Entwicklungsmöglichkeiten der AWO Bremerhaven auseinandersetzen. Die Teilnehmenden sollen ein Konzept oder einen Businessplan entwickeln, wie die Zukunft der AWO aussehen könnte.

4.3 Kursablaufplan

Die Tab. 4.2 zeigt den Kursablaufplan.

Tab. 4.2 Kursablaufplan

Phase	Inhalt	Zeit in h
Einführung in das Thema durch den Dozierenden Kick-off	**Was ist eine Case Study?** Austeilen der Fallstudie über das Unternehmen Dialog im Dunkeln Besonderheiten sozialer Unternehmen gegenüber normalen Unternehmen	1
	Vorstellung der Themenbereiche anhand der Case Study 1. Geschichte von Sozialen Unternehmen 2. Das Konzept von Social Business 3. Businessmodell von sozialen Unternehmen 4. Führung von sozialen Unternehmen 5. Kooperationspartner von AWO 6. Unternehmenskultur in sozialen Unternehmen 7. Social Franchise: Prinzipal-Agent- und Stewardship-Theorie 8. Entwicklung von Strategien u. weitere Geschäftsfeldern von AWO	1,5

Phase	Inhalt	Zeit in h
	Themenvergabe je nach Größe der Gruppe, 1–2 Bearbeiter/innen pro Thema 15–20-seitige Arbeit	0,5
	Einführung in das wissenschaftliche Arbeiten Forschungsfrage Strukturierung der Arbeit Literaturrecherche	0,5
	Fragen an den Dozierenden	0,5
		= 4
Selbststudium und Erstellung der Hausarbeit mit mehreren Feedbacks	**Lesen des Falles und Erfassen des „Status quo"**	15
	Verständnis aufbauen und Problemdefinition für das jeweilige Thema	5
	Erstellen einer Gliederung (2–4 Wochen) Ausarbeitung einer Fragestellung Literaturrecherche Feedback vom Dozierenden einholen	30
	Erarbeitung der Hausarbeit auf Basis der Gliederung (4–8 Wochen) empirische Basis bildet die Fallstudie Feedback vom Dozierenden für die Hausarbeiten	50
	Erstellen einer Präsentation (2 Wochen)	20
		= 120
Präsentation der Hausarbeiten	**Vorstellung und Diskussion der Arbeiten** Leitung der Diskussion durch den Dozierenden	16
	Themenfelder, die nicht abgedeckt sind, übernimmt der Dozent Erarbeiten erfolgt durch Interaktion mit den Studierenden	
	Summe Arbeitsstunden	= 140
Evaluation und Feedback	Per E-Mail oder persönlich	

Werkzeuge

5

Max Kuchenbuch

Die Bearbeiterinnen und Bearbeiter der Case Study sollen bei der Erstellung des Businessplans bzw. bei der Beurteilung der Expansionsfähigkeit der AWO verschiedene Werkzeuge zu Hilfe nehmen. Die Werkzeuge werden in diesem Kapitel direkt anhand der Beispielunternehmen dargestellt. Zunächst soll über eine Branchen- und Wettbewerbsanalyse die Situation des Unternehmens am Markt beurteilt werden. Über das Businessmodell und eine Analyse der strategischen Ausrichtung können ferner die besonderen Merkmale einer Geschäftstätigkeit im Social Business dargestellt werden.

5.1 Branchen- und Wettbewerbsanalyse

Um langfristig bestehen zu können, muss ein Unternehmen das Umfeld seiner Mitbewerber/innen kennen. Eine Charakterisierung des Marktes befindet sich immer in einem Businessplan, um die Nische des eigenen Unternehmens glaubwürdig darstellen zu können. Die Branchenanalyse stellt, neben der Konkurrenzanalyse und der strategischen Positionierung, die Grundlage für die Entwicklung einer Wettbewerbsstrategie dar. Eine „Wettbewerbsstrategie ist das Streben, sich innerhalb der Branche […] günstig zu platzieren" (Porter 1985, S. 19). Porter definiert fünf Kräfte, die die Umwelt eines Unternehmens beeinflussen (Abb. 5.1).

Um eine erfolgreiche Strategie zu entwickeln, bedarf es zusätzlich zur externen Analyse der Branche die interne Untersuchung eines Unternehmens. Barney

M. Kuchenbuch (✉)
Case Studies, Leuphana Universität Lüneburg, Lüneburg, Deutschland
e-mail: case-studies@leuphana.de

© Springer-Verlag GmbH Deutschland 2017
E. van Hueth et al., *Sozialwirtschaft*,
DOI 10.1007/978-3-662-54006-0_5

45

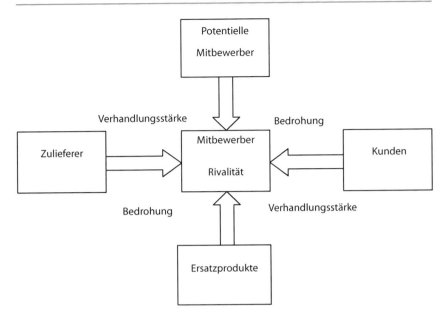

Abb. 5.1 Branchenstrukturanalyse nach Porter

(1991) entwickelte ein Framework zur Untersuchung der Ressourcen eines Unternehmens (resouce-based view) (Abb. 5.2). Im wissenschaftlichen Diskurs hat sich für den Begriff der Ressource eine Vielzahl von Definitionen mit unterschiedlichen Bedeutungsinhalten etabliert (Sammerl 2006, S. 133).

Aufbauend auf der Branchenstrukturanalyse und Ressourcenanalyse können die Stärken und Schwächen analysiert werden. Die Bearbeiterinnen und Bearbeiter sollen die Ressourcen der AWO herausarbeiten und den jeweiligen Kategorien zuordnen. Das kann entweder im Plenum oder in einer gemeinsamen Diskussion erfolgen.

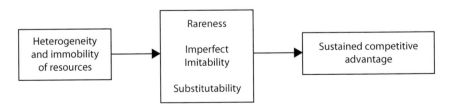

Abb. 5.2 Ressourcenanalyse nach Barney

5.2 Businessmodell und strategische Ausrichtung

In diesem Abschnitt sollen sich die Teilnehmenden mit der Strategie auseinandersetzen. Der Begriff Strategie hat seinen Ursprung in der militärischen Geschichte (beschrieben in „The Art of War" von Sun Tzu oder in „Vom Kriege" von Carl von Clausewitz) und der politischen Ideengeschichte (beschrieben in „Il Principe" von Niccolò Machiavelli). Im 19. Jahrhundert wurde der Strategiebegriff erfolgreich auf die Managementforschung übertragen und wird seitdem vielfältig diskutiert (Reinhardt 2007). In der Managementliteratur wird eine Vielzahl von Definitionen des Strategiebegriffes diskutiert. Porter erklärt, dass strategische Aktivitäten eine einzigartige und wertvolle Position für Unternehmen schaffen. Grant vereinfacht diese Definition: „strategy is about winning" (Grant 2005, S. 4). Es existieren drei generische Strategien, die sich aus den Ansätzen zur Erreichung von Wettbewerbsvorteilen ableiten lassen: Strategie der Kostenführerschaft, Differenzierungsstrategie und Fokussierungsstrategie.

Die Teilnehmenden sollen anhand des Businessmodells erläutern, wie die AWO funktioniert. Hierbei spielen verschiedene Aspekte eine Rolle: die Motivation der Kooperationspartner, gesellschaftliche Verantwortung (CSR), Inklusion von Menschen mit Behinderung, gesellschaftlicher Druck. Die Abb. 5.3 soll die Komplexität des Geschäftsmodells verdeutlichen:

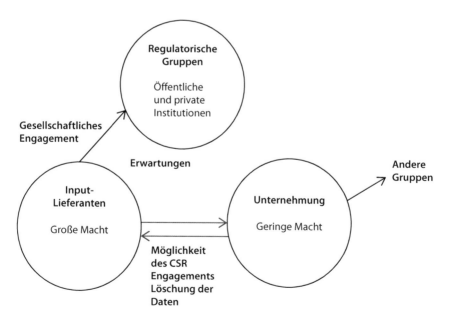

Abb. 5.3 Komplexität eines Geschäftsmodells im Social Business

Das Geschäftsmodell stellt die Grundlage eines jeden Unternehmens dar. Bei der Festlegung des Geschäftsmodells wird die Grundlage für eine erfolgreiche Zukunft gelegt. Das Interesse an Businessmodellen bzw. Geschäftsmodellen ist in den letzten 18 Jahren sowohl in der Wissenschaft als auch Praxis gewachsen (Zott, Amit und Massa 2010). Der Begriff des Businessmodells entstand Mitte der 1990er-Jahre (Teece 2010). Geschäftsmodelle sind Geschichten, die erzählen, wie ein Unternehmen funktioniert (Magretta 2002). Das Geschäftsmodell besteht aus vier interagierenden Elementen, die einen gemeinsamen Wert bilden: Kundennutzen, Ertragsformel, Schlüsselressourcen und Schlüsselprozesse (Johnson, Christensen und Kagermann 2008). Teece (2010) grenzt diese Definition weiter ein. Er argumentiert, dass das Geschäftsmodell ausschließlich für den Kundennutzen entsteht und dem Unternehmen die Logik, Daten und Struktur für Umsätze und Kosten liefert. Gleichzeitig kann das Geschäftsmodell auch die Strategie und die Struktur eines Unternehmens charakterisieren, um nachhaltige Wettbewerbsvorteile zu erlangen (Morris, Schindehutte und Allen 2005).

Die Untersuchung von Geschäftsmodellen kann auf drei verschiedene Bereiche angewendet werden (siehe Abb. 5.4), die eng mit den oben genannten Definitionen zusammenhängen (Zott et al. 2010): E-Business und die Verwendung von Informationstechnologien, Innovations- und Technologiemanagement sowie strategische Belange wie Unternehmensperformance oder Wettbewerbsvorteile. Der Forschungsstrang, der sich ausschließlich mit dem E-Business beschäftigt, brachte dem Businessmodell die größte Aufmerksamkeit entgegen (Shafer, Smith und Linder 2005). Das rasante Wachstum des Internets verhalf der Vermarktung und dem Verkauf über dieses Medium zu einem Wachstumsboom. Ende der 1990er-Jahre entstanden auf diese Art völlig neue Geschäftsmodelle, die sich in ihren Prozessen und Ressourcen deutlich von bisherigen Unternehmen unterschieden. Das veranlasste viele Wissenschaftler/innen, sich mit diesem Thema auseinanderzusetzen und die Geschäftsmodelle näher zu untersuchen (Amit und Zott 2001).

Wertbeitrag
kunden
Produkte und Dienstleistungen

Wertkonstellation
Interne Wertschöpfung
Externe Wertschöpfung

Profitgleichung
Umsatzerlöse
Kostenstruktur
Eingesetztes Kapital

Abb. 5.4   Drei Komponenten eines Businessmodells

Es entstanden völlig neue Organisationsformen wie E-Shops, E-Procurement, Portale, Community Modelle oder distributive Netzwerke (Rappa 2000; Tapscott, Lowy und Ticoll 2000; Timmers 1998). Timmers (1998) entwickelte daraus elf generische E-Businessmodelle und Tapscott et al. (2000) fünf verschiedene Typen von Geschäftsmodellen. In der Praxis entstanden dann Unternehmen wie Google, eBay oder Intershop[1], die die bisherigen Grenzen verschwimmen ließen (Bunnel und Luecke 2000; David und Malseed 2005; Shafer et al. 2005). Einige Forscher/innen betrachten das Businessmodell als Möglichkeit, die Innovationsfähigkeit und das Technologiemanagement eines Unternehmens zu beschreiben. Hier wird zwischen zwei verschiedenen Sichtweisen unterschieden. Einerseits wird beschrieben, wie innovative Ideen durch das Geschäftsmodell in die Praxis umgesetzt werden (Zott et al. 2010). Das zeigen beispielsweise Chesbrough und Rosenbloom (2002) in ihrer Fallstudie über das Unternehmen Xerox, in dem sie verschiede Spin-offs und deren Innovationen untersuchen. Die Unterscheidung in erfolgreiche und erfolglose Unternehmen zeigt, dass das Businessmodell als Werkzeug genutzt werden kann, um Produktentwicklungen und Kundenbedürfnisse zu kombinieren.

Andererseits kann es als Quelle für neue Innovationen innerhalb des Unternehmens angesehen werden (Zott et al. 2010). Um ein offenes Businessmodell für Innovationen entwickeln zu können, bedarf es unterstützender Prozesse und Abläufe im Unternehmen (Mitchell und Coles 2003). Beispielsweise können „Open Innovation"- (Chesbrough 2003) oder „Design Thinking"-Konzepte (Brown 2008) dazu beitragen, dass Mitarbeiter/innen eines Unternehmens offener werden bezüglich neuer Ideen. Das Geschäftsmodell bekam in den letzten Jahren eine erhöhte Aufmerksamkeit von Wissenschaftler/innen, die sich mit der Wertschöpfung, der Performance oder den Wettbewerbsvorteilen eines Unternehmens beschäftigen (Zott et al. 2010). Einige sehen im Geschäftsmodell einen Einflussfaktor auf die Performance und somit auch auf die Wettbewerbsvorteile eines Unternehmens (Morris et al. 2005). Daraus schließen Afuah und Tucci (2000), dass unter dem Begriff Geschäftsmodell Wettbewerbsvorteile und Performance vereinigt werden können. Somit bietet das Konstrukt einen ganzheitlichen Erklärungsansatz für den Erfolg eines Unternehmens.

Ein neues, effektives und sinnvoll umgesetztes Businessmodell kann neue Standards und eine neue Logik für eine ganze Branche setzen (Magretta 2002). Da das Businessmodell erklärt, wie die Aktivität eines Unternehmens verbessert werden

[1]Intershop ist ein 1992 gegründetes Unternehmen aus Jena. Es bietet E-Commerce-Lösungen für Handelsunternehmen an und gehörte zu den großen Gewinnern der New Economy Phase (http://www.intershop.de/).

kann (Richardson 2008), besteht auch eine enge Verknüpfung zur Strategie. Doch die Strategie und das Geschäftsmodell sind keine Substitute und müssen daher müssen als Ergänzungen betrachtet werden (Zott und Amit 2008). Casadesus-Masanell und Ricart (2010) erweitern diese Aussage, indem sie das Businessmodell als Reflektion der Strategie eines Unternehmens sehen.

Auch die Wertschöpfung eines Unternehmens kann mit dem Businessmodellansatz erklärt werden. Amit und Zott (2001) untersuchen in ihrer Studie 150 Unternehmen und identifizieren vier Quellen für die Wertschöpfung: neuartige Innovationen bzw. Prozesse am Markt, Anregungen zum Kauf neuer Produkte und Bindung an das Unternehmen (Lock-in), Komplementarität von Produkten, Verwaltung von Dienstleistungen oder Aktivitäten unter einem Geschäftsmodell und die Effizienz von Transaktionskosten. Diese Werttreiber beeinflussen sich gegenseitig, wodurch die Effektivität noch gesteigert werden kann. Die Wertschöpfung muss nicht unbedingt auf ökonomische Werte bezogen werden, da sich auch immer mehr soziale Unternehmen am Markt etablieren (Zott et al. 2010). Seelos und Mair (2007) erklären die Wertschöpfung im Kontext von Armut und konzeptualisieren das Businessmodell als ein Set aus Möglichkeiten, um strategische soziale Ziele zu erreichen.

Social Businesses bauen ihre Strategie auf einem besonderen Geschäftsmodell auf. Die primäre Wertschöpfung richtet sich auf die Schaffung eines sozialen Wertes aus und erst sekundär auf einen ökonomischen Wert. Am Beispiel der Grameen Bank erläutern Yunus et al. (2010) verschiedene Schritte, um ein Geschäftsmodell für Social Business aufzubauen. Dabei beziehen sich die ersten drei Schritte auf alle Unternehmen und die letzten richten sich ausschließlich an soziale Geschäftsmodelle. Der erste Schritt betrachtet die Innovation, die hinter dem Geschäftsmodell steht. Die Grameen Bank beispielsweise revolutioniert die Kreditvergabe und die Rückzahlungsmodalitäten, damit Bedürftige stärker von Krediten profitieren können.

Im zweiten Schritt sollen langfristige komplementäre Partner identifiziert werden, um von neue Ressourcen und Verbindungen zu profitieren. Im dritten Schritt soll das Geschäftsmodell kontinuierlich weiterentwickelt werden, da so das Risiko eines Scheiterns minimiert werden kann. Die Begünstigung von sozialorientierten Shareholdern wird im vierten Schritt erläutert. Der letzte Schritt besagt, dass die sozialen Ziele des Geschäftsmodells vorher klar definiert werden müssen, damit keine Konflikte zwischen den ökonomischen und sozialen Zielen entstehen. Social Businesses besitzen generell ein besonderes Geschäftsmodell, da sie anders funktionieren als kommerzielle Unternehmen oder reine Non-Profit-Organisationen. Was macht im Speziellen die Kultur der AWO aus?

5.3   Systematisierung der Unternehmenskultur im Social Business

Bei der Diskussion des Kulturbegriffes wird deutlich, dass dieser in verschiedenen gesellschaftlichen Bereichen Anwendung findet. So wird der Besuch eines Museums, das Bestellen von Ackerland oder ein Erfolgsfaktor von Unternehmen als Kultur bezeichnet (Schmidt 2008). Die Vielseitigkeit des Begriffes erschwert die Suche nach einer klaren Definition. Heinen und Fank (1997) beschreiben es als unmöglich, eine allgemeine Definition für Kultur zu finden. Auch bedingen sich die Definition dieses Begriffes und die Kultur des Definierenden gegenseitig: „Kultur ist nur in Kultur als Kultur [...] beschreibbar" (Schmidt 2008, S. 70).

Heinen und Fank (1997) argumentieren, dass durch diese starke Verbreitung in der Gesellschaft und der daraus resultierenden Unschärfe eine Definition nur in Zusammenhang mit einer Systematisierung und Abgrenzung möglich ist. Bolten (2007) differenziert zwischen dem engen und dem erweiterten Kulturbegriff. Die enge Definition fasst Kultur als Abgrenzung zwischen „Kultur" und „Zivilisation" zusammen, wodurch nicht-kulturelle Bereiche negativ aufgefasst und dadurch ausgegrenzt werden (Bolten 2007). In der Kulturwissenschaft wird heute ausschließlich der erweiterte Kulturbegriff verwendet, bei dem die Gesamtheit des alltäglichen Handelns und die verschiedenen Lebensweisen dargestellt werden (Bolten 2007). In Anlehnung an den erweiterten Kulturbegriff beschreiben Winter et al. (2008) in ihrer anthropologischen Bestimmung Kultur als die „Gesamtheit einer Lebensweise einer Gruppe von Menschen". Durch das nicht nur beschreibende sondern auch erweiterbare Konzept dieser Kulturdefinition können Grundmuster von Lebensweisen miteinander verglichen werden (Winter et al. 2008).

Seit Anfang der 1980er-Jahre wurde der Kulturbegriff nicht nur auf gesellschaftlicher Ebene, sondern auch auf unternehmerischer Ebene betrachtet, wodurch sich völlig neue Forschungsmöglichkeiten für die Wissenschaft ergaben (Sackmann 2004). Die Wirtschaft wollte daraufhin erfahren, wie sich diese neuen Erkenntnisse auf ihre Organisationen übertragen ließen, um ihre Leistungsfähigkeit zu steigern. Neben den „harten Erfolgsfaktoren", wie die Strategie und Struktur einer Organisation, konnten sich nun auch die „weichen Faktoren" in der Unternehmenskultur durchsetzen, wodurch sich die Rolle des Individuums verstärkte (Schmidt 2008). Das Interesse an diesem Forschungsgebiet stieg durch die wachsende globale Vernetzung, die Konzentration von Unternehmen und die hieraus resultierenden Integrationsprobleme (Sackmann 2004).

Auch bei dem Versuch, Unternehmenskultur zu definieren, wird deutlich, dass der Begriff in der Literatur vielseitig verwendet und zahlreiche Male definiert wurde. Osterhold (2002) sieht im Unternehmensprofit, der Kundenzufriedenheit und der Mitarbeiterzufriedenheit die Eckpfeiler der Unternehmenskultur. Erfolgreiche Unternehmen benötigen die richtige Balance zwischen diesen drei Faktoren. Sackmann (2004) beschreibt Unternehmenskultur wiederum als die Gesamtheit der grundlegenden Überzeugungen aller Personen im Unternehmen. Diese Grundsätze dienen als Orientierung und steuern das kollektive Verhalten. Schmidt (2008) sieht die Unternehmenskultur als philosophisches, „sinnbezogenes Problemlösungsprogramm, das ein Unternehmen erst zu einem Unternehmen macht". Fichtner (2008) identifiziert drei Hauptströmungen: die objektivistischen Ansätze, die subjektivistischen Ansätze und die integrativen Ansätze. In Abb. 5.5 werden diese drei Ansätze mit ihren Subebenen dargestellt:

Mit dieser Systematisierung sollen die drei Ansätze dargestellt werden. Die Objektivisten sehen die Unternehmenskultur als eine weitere organisatorische Variable, die allerdings nur eine untergeordnete Rolle neben der Unternehmensstrategie oder der Unternehmensstruktur spielt (Heinen und Fank 1997). Bei diesem Ansatz erfolgt eine oberflächliche Analyse, sodass lediglich die sichtbaren Artefakte, Werte und Normen als Unternehmenskultur bezeichnet werden (Fichtner 2008). Heinen und Fank (1997) definieren im Rahmen dieser Theorie Unternehmenskultur als „sozialen, normativen Klebstoff", der die Organisation zusammenhält. Somit wird Unternehmenskultur vom objektivistischen Ansatz als ein konstruierbarer Erfolgsfaktor für Organisationen angesehen, der von den

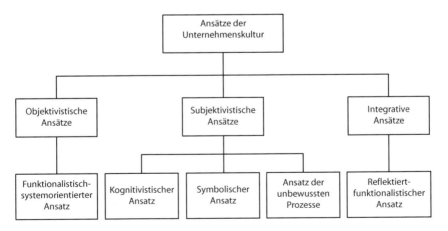

Abb. 5.5 Systematisierung der Unternehmenskulturforschung

Führungskräften ausgearbeitet und verdichtet wird (Fichtner 2008). Bei der empirischen Untersuchung werden nur quantitative Forschungsmethoden, wie standardisierte Fragebögen oder Interviews eingesetzt (Fichtner 2008).

In den subjektivistischen Ansätzen wird das ganze Unternehmen als Kultur wahrgenommen (Fichtner 2008). Riten, Legenden und Rituale werden bei den Subjektivisten nicht als beobachtbare Artefakte aufgefasst, sondern als zwingend interpretierbare Elemente der Organisation, um die Unternehmenskultur zu verstehen (Fichtner 2008). Heinen und Fank (1997) bezeichnen diese Idee von einer erkenntnisleitenden Unternehmenskultur als „root metaphor". Einen wichtigen Ansatz im Rahmen der subjektivistischen Theorie bildet der symbolische Ansatz, der in jeder Organisation eigene unverwechselbare Symbole, Bedeutungen und Orientierungsmuster für das Verhalten der Mitarbeiter/innen sieht (Schmidt 2008).

Die Hauptvertreter/innen des integrativen Ansatzes gehen davon aus, dass Unternehmen selbst eine Kultur besitzen, aber gleichzeitig auch eine Kultur sind. Somit stellt dieser Ansatz eine Verknüpfung der objektivistischen und der subjektivistischen Perspektive dar (Fichtner 2008). Edgar Schein kann als einer der Hauptvertreter der integrativen Ansätze angesehen werden. Nach Schein dient die Unternehmenskultur dem Überleben, dem Wachstum und der Anpassung des Unternehmens an seine Umwelt (Schmidt 2008). Er untergliedert Unternehmenskultur in drei Ebenen: Artefakte als sichtbare Strukturen, bekundete Werte als Strategien und Ziele und Grundprämissen als unbewusste Wahrnehmungen (Schein 2010). Für das Überleben einer Organisation kann die Unternehmenskultur essentiell sein (Schmidt 2008).

Zusammenfassend unterscheidet Schmidt (2008) drei grundsätzliche Konzepte: „Unternehmen sind Kultur, Unternehmen haben Kultur und Unternehmen machen Kultur". Hier wird der objektivistische Ansatz gewählt und um das Modell der Unternehmenskultur von Osgood ergänzt. Osgood hat mit seinem Eisbergmodell eine weitere Klassifikation entwickelt, indem er zwischen „Perceptas" und „Conceptas" unterscheidet (Bolten 2007). Die „Perceptas" bilden sichtbare Artefakte, Verhaltensweisen und Rituale, die sich direkt empirisch beobachten lassen (Sackmann 2004). Im Gegensatz dazu kann die „Conceptas" nicht direkt wahrgenommen werden, da die Werte, Normen und Einstellungen sich geschichtlich herausgebildet und manifestiert haben (Heinen und Fank 1997). Bei der Kulturanalyse können viele direkt wahrnehmbare Artefakte, Verhaltensweisen und Gewohnheiten empirisch beschrieben werden.

Welche Funktionen erfüllt nun die Kultur eines Unternehmens? Sackmann (2004) nennt die Komplexitätsreduktion, koordiniertes Handeln, Identifikation und Kontinuität. Das Zusammenspiel dieser Faktoren ermöglicht ein erfolgreiches

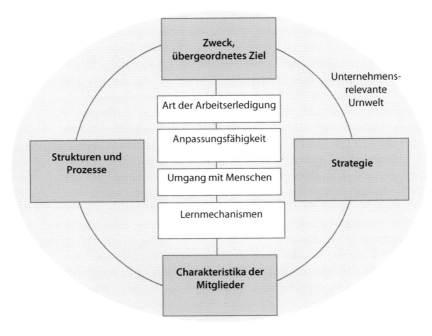

Abb. 5.6   Einflussbereiche der Unternehmenskultur

Wirtschaften und identifiziert relevante Bereiche innerhalb einer Organisation, die
die Funktionen beeinflussen. Diese Bereiche sind in Abb. 5.6 dargestellt:
    Alle Aktivitäten von Unternehmen, die in Abb. 5.6 dargestellt sind, sind Arten
von Kommunikation. Sie müssen aufeinander abgestimmt werden, sodass keine
Widersprüche entstehen, aber gleichzeitig eine Anpassung an eine sich ändernde
Umwelt möglich ist (Schmidt 2008). Schmidt argumentiert weiter, dass ein Unter-
nehmen erst dann eine Identität erlangen kann, wenn sich die Differenz zwischen
Unternehmen und Umwelt stabilisiert. Somit entstehen eine Identität und die
Unternehmenskultur durch die Orientierung an eigenen Werten, Kompetenzen und
Interessen. Es ist also unmöglich keine Unternehmenskultur zu besitzen (Osterhold
2002). Beobachtbar wird die Kultur von Organisationen beispielsweise durch den
Führungsstil, den Dresscode oder den Umgang mit Zulieferern und Kunden.
    Die Unternehmenskultur hat eine besondere Relevanz. Die Mitarbeiterinnen
und Mitarbeiter wollen ihre Kreativität und ihre Kompetenzen in die Gestaltungs-
prozessen einbringen. So bringt die Unternehmenskultur nicht nur Stabilität,
sondern auch eine größere Identifikation der Mitarbeiter/innen durch eine stärkere

Einbindung. Eine Schlüsselrolle bilden bei dieser Integration die Führungskräfte, da sie die Leitbilder aufstellen und eine Vorbildfunktion einnehmen (Sackmann 2004). Somit kann die Unternehmenskultur eine starke Bindung schaffen, trotz einer immer höher geforderten Flexibilität (Fichtner 2008).

Social Businesses entwickeln sich zum Treiber des sozialen Wandels und erzeugen dabei eine eigene ganz spezielle Unternehmenskultur, da sie anders agieren als kommerzielle Unternehmen (Birkhölzer 2011). Gerade Unternehmen, die viele Menschen mit Behinderung beschäftigen, benötigen eine sehr ausgefeilte und differenzierte Unternehmenskultur, um allen Menschen die bestmöglichen Arbeitsplatzvoraussetzungen zu geben. Die Studierenden sollen hier zeigen, wie wichtig die Unternehmenskultur für eine Gesellschaft wie die AWO ist. Welche Auswirkungen hat die Kultur auf die Motivation der Mitarbeiterinnen und Mitarbeiter wie auch auf die Personalakquise?

5.4   Vertriebsanalyse

Bei sozialen Unternehmen kommt dem Vertrieb eine besondere Rolle zu. Denn durch die Verbreitung des sozialen Produktes kann die gesamte Gesellschaft profitieren. Eine schnelles und effizientes Wachstum verspricht das Franchise-System, dass schon in vielen Industrien erfolgreich angewendet wurde (Combs, Michael, und Castrogiovanni 2004). Im Franchising zahlt der Franchisenehmer eine Lizenzgebühr an den Franchisegeber, um den Namen und die Marke zu nutzen und von den Erfahrungen zu profitieren (Gillis und Castrogiovanni 2012). Beim kommerziellen Franchising werden die Gebühren in eine variable und fixe Komponente unterteilt, wodurch sie bei höherem Umsatz steigen (Kalnins und Mayer 2004).

Das Konzept wurde in der jüngeren Vergangenheit nicht nur dazu verwendet, den Profit eines Unternehmens zu maximieren, sondern auch um den sozialen Impact zu vergrößern. Eines der bekanntesten Deutschen Social Businesses, das nach dem Franchise-System funktioniert, ist Dialog im Dunkeln. Dort werden Menschen mit verbundenen Augen von einem Guide durch verschiedene Alltagssituationen geführt, um Empathie für blinde Menschen zu entwickeln (Volery und Hackl 2009).[2]

Wenn der Franchisenehmer die Gebühren nicht für den persönlichen Wohlstand verwendet, sondern in das Unternehmen investiert, steht das Franchise-System

---

[2]Die Teilnehmenden, die dieses Thema bearbeiten, können hier zusätzlich Informationen zu Dialog im Dunkeln nutzen, welches vom Dozierenden zur Verfügung gestellt wird.

nicht im Widerspruch zu den Social Business-Kriterien. Aufgrund der Ressourcen-knappheit im Social Business Bereich erfreut sich das Konzept großer Beliebt-heit (Tracey und Jarvis 2007). Das größte Problem beim Franchising besteht in den unterschiedlichen Interessen des Franchisegebers und Franchisenehmers. Um dieses Spannungsverhältnis besser analysieren zu können, sind zwei Theorien weit verbreitet: die Principal-Agent-Theory und die Stewardship-Theorie.

Die Principal-Agent-Theory hat zum Ziel, Verträge innerhalb einer Auftrags-beziehung zwischen einem Auftraggeber (Principal) und einem Auftragnehmer (Agent) optimal auszugestalten (Ebers und Gotsch 1999). Dieser Vertrag beinhaltet die vom Agent bereitzustellende Arbeitsleistung und regelt die Form der Entloh-nung. Typische Beispiele für solche Auftragsbeziehungen sind die Beziehungen zwischen Arbeitgeber/in und Arbeitnehmer/in, Aufsichtsrat und Vorstand, Vorstand und Führungskraft, Fremdkapitalgeber/in und Geschäftsführer/in, Vorgesetztem und Untergebenem. In allen Beispielen werden bestimmte Aufgaben und Ent-scheidungskompetenzen vom Principal zur Realisierung seiner Interessen an einen Agent (gegen Entlohnung) übertragen. Der Vorteil für den Principal liegt darin, dass er sich die speziellen Handlungseigenschaften, wie z. B. die Fachkompeten-zen, Erfahrungen und das Wissen des Agenten zunutze machen kann.

Die Beauftragung eines Agenten bringt auch Probleme für den Principal mit sich. Erhält der Agent Entscheidungskompetenzen, so ist dieser in der Lage zulas-ten des Principals zu handeln, um seine eigenen Interessen zu verfolgen. Die innerhalb solcher Beziehungen vorliegende Koordinationsproblematik beruht auf der Annahme, dass die Aktionen des Agenten vom Principal nicht beobachtbar oder beurteilbar sind. Je stärker die Interessen des Principals und des Agent voneinander abweichen und je weniger Informationen der Principal über die Eigenschaften, die Absichten und die Handlungsmöglichkeiten des Agenten verfügt, desto größer ist für den Principal das Risiko, dass der Agent nicht gemäß dem vereinbarten Auftrag handelt.

Wer jeweils Principal und wer Agent ist, kann häufig nur situationsbezogen ent-schieden werden, denn ein und dieselbe Person kann sowohl Principal als auch Agent sein. Der Aufsichtsrat einer Aktiengesellschaft ist z. B. gegenüber dem Vor-stand Principal und gegenüber dem Aktionär Agent. Ein und dieselbe Person kann auch gegenüber mehreren Personen oder Institutionen Agent sein. So ist z. B. ein Krankenhausarzt nicht nur Agent seiner Patienten, sondern auch Agent der Kran-kenhausleitung und der Krankenkassen (Picot, Dietl und Franck 2002). Die Rollen von Principal und Agent sind also nicht vorgegeben, sondern jeweils zu definieren. Die Rolle des Agenten übernimmt die Partei, die im Zuge ihrer Aufgabenwahr-nehmung einen Informationsvorsprung und einen Handlungsspielraum hat (Stölzle 1999).

Zu den zentralen Annahmen der Principal-Agent-Theory gehören Opportunismus, individuelle Nutzenmaximierung, asymmetrische Informationsverteilung sowie eine differierende Risikobereitschaft der Akteure (Ebers und Gotsch 1999). Opportunistisches Handeln liegt vor, wenn der Agent Verhaltensspielräume auch dann zu seinen Gunsten nutzt, wenn er den Principal dadurch bewusst schädigt (Picot et al. 2002). Dies kann sich in Form von Leistungszurückhaltung, trügerischer Darstellung von Leistungen oder eigennütziger Vertragsauslegung seitens des Agenten bemerkbar machen. Da beide Beteiligte eine Nutzenmaximierung anstreben, kommt es auch hier zu einem Zielkonflikt. Während der Prinzipal an einem günstigen Ergebnis interessiert ist, orientiert sich der Agent nur an seinem eigenen Nutzen, indem er die Nachteile wie Arbeitsleid und Zeitverlust gegen die Vorteile in Form von Vergütung und Karriere abwägt. Zudem werden die differierenden Risikoneigungen berücksichtigt.

Die Teilnehmenden sollen in ihren Ausführungen darlegen, warum die Principal-Agent-Theorie für die Darstellung von Social Business-Franchising nicht geeignet ist, da bestimmte Verhaltensannahmen nicht berücksichtigt werden können. Einen wesentlich besseren Ansatz liefert die Stewardship-Theorie. Es ist falsch, die Franchisenehmer nur als Agenten zu bezeichnen, da sowohl Franchisegeber als auch Franchisenehmer soziale Entrepreneure sind. Sie sind von der sozialen Mission ihres Unternehmens getrieben und haben somit eine andere Motivation als kommerzielle Franchisenehmer. Der finanzielle Status und ökonomische Macht sind weniger wichtig, da sie eine intrinsische Motivation zur Verbesserung der Alltagssituation benachteiligter Menschen haben.

Die Stewardship-Theorie hat ein völlig anderes Menschenbild als die Principal-Agent-Theorie. Diese Theorie wandelt Agenten in Stewards um, die motiviert sind, im besten Interesse ihres Auftraggebers oder ihrer Vorgesetzten zu handeln. Stewards haben eine hohe Identifikation mit dem Unternehmen und sind deshalb sehr stark intrinsisch motiviert, ihre Leistungen zu erbringen. Sie nutzen eher die persönliche als die institutionelle Stellung, um ihre Interessen durchzusetzen. Außerdem erwarten sie eine niedrige Distanz zu ihrem Principal (Davis, Schoorman und Donaldson 1997). Deshalb können Social-Franchisenehmer eher als Stewards bezeichnet werden.

Literaturverzeichnis

Afuah, Allan & Tucci, Christopher L (2000) Internet Business Models and Strategies Text and Cases. McGraw-Hill Higher Education, New York.

Alvord, Sarah H; Brown, David L & Letts, Christine W (2004) Social Entrepreneurship and Societal Transformation. An Exploratory Study. The Journal of Applied Behavioral Science, 40(3): 260–282

Amit, Raphael & Zott, Christoph (2001) Value Creation in E-business. Strategic Management Journal, 22(6-7): 493–520

Austin, James; Stevenson, Howard & Wei-Skillern, Jane (2006) Social and Commercial Entrepreneurship: Same, Different, or Both?, Entrepreneurship Theory and Practice, 30(1): 1–22

AWO Bundesverband (2007) Grundsätze und Eckpunkte zur Verbandsentwicklung der AWO. http://www.awo-sachsen.de/around/content/documents/PDFs/Dokumente/grundsaetze_eckpunkte.pdf

AWO (2008) AWO Unternehmenskodex – Grundsätze der AWO in Deutschland für eine verantwortungsvolle Unternehmensführung und – kontrolle. http://www.awo-informationsservice.org/uploads/media/AWO_Unternehmenskodex_2008.pdf

Bantel, Karen A (1998) Technology-based, "adolescent" Firm Configurations: Strategy Identification, Context, and Performance, Journal of Business Venturing, 13(3): 205–230

Bangert, Christopher; Roth, Niko (2007) Das "Wohlfahrtskartell" und andere Mythen. neue caritas, 108(5): S 21–25, Anm (2007)

Becker, Ulrich; Hockerts, Hans Günter & Tenfelde, Klaus (2010) Sozialstaat Deutschland. Geschichte und Gegenwart. Dietz, Bonn

Beckmann, Markus (2011) Social Entrepreneurship – Altes Phänomen, Neues Paradigma moderner Gesellschaften oder Vorbote eines Kapitalismus 20?, In: Hackenberg, Helga & Empter, Stefan (Hrsg) Social Entrepreneurship – Social Business: Für die Gesellschaft unternehmen VS Verl, Wiesbaden, S 67–85

Benner, Dietrich (2003) Wilhelm von Humboldts Bildungstheorie: Eine problemgeschichtliche Studie zum Begründungszusammenhang neuzeitlicher Bildungsreform. Beltz Juventa, Weinheim

Billis, David (2010) Hybrid Organizations and the Third Sector: Challenges for Practice, Theory and Policy, Basingstoke. Palgrave Macmillan, Hampshire

© Springer-Verlag GmbH Deutschland 2017
E. van Hueth et al., *Sozialwirtschaft*,
DOI 10.1007/978-3-662-54006-0

Birkhölzer, Karl (2011) Internationale Perspektiven sozialen Unternehmertums, In: Jähnke, Petra; Christmann, Gabriela B and Balgar, Karsten (Hrsg) Social Entrepreneurship Perspektiven für die Raumentwicklung. Springer VS, Wiesbaden, S 23–36

Boeßenecker, Karl-Heinz (2005) Spitzenverbände der Freien Wohlfahrtspflege – Eine Einführung in Organisationsstrukturen und Handlungsfelder der deutschen Wohlfahrtspflege. Juventa Verlag, Weinheim

Bolten, Jürgen (2007) Einführung in die interkulturelle Wirtschaftskommunikation, Göttingen: Vandenhoeck & Ruprecht

Bornstein, David (2007) How to Change the World: Social Entrepreneurs and the Power of New Ideas. Oxford University Press, Oxford

Bornstein, David & Davis, Susan (2010) Social Entrepreneurship: What Everyone Needs to Know. Oxford University Press, Oxford

Bundesverband der Dienstleistungswirtschaft e V (2012) Stellungnahme des Bundesverbandes der Dienstleistungswirtschaft (BDWi) zum Entwurf eines Gesetzes zur Entbürokratisierung des Gemeinnützigkeitsrechts

Brandsen, Taco; Dekker, Paul & Evers, Adalbert (2010) Civicness in the Governance and Delivery of Social Services. Nomos, Baden-Baden

Brinkmann, Volker (2005) Change Management in der Sozialwirtschaft. Springer, Wiesbaden

Brinkmann, Volker (2010) Sozialwirtschaft: Grundlagen - Modelle – Finanzierung 1 Aufl. Gabler, Wiesbaden

Brown, Tim (2008) Design Thinking, Harvard Business Review, 86(6): 84–95

Bunnel, David & Luecke, Richard (2000) The e-Bay Phenomenon: Business Secrets Behind the World's Hottest Internet Company. John Wiley & Sons, New York

Casadesus-Masanell, Ramon & Ricart, Joan Enric (2010) From Strategy to Business Models and onto Tactics, Long Range Planning, 43(2): 195–215

Chesbrough, Henry William & Rosenbloom, Richard S (2002) The Role of the Business Model in Capturing Value from Innovation: Evidence from Xerox Corporation's Technology spin-off Companies, Industrial and corporate change, 11(3): 529–555

Chesbrough, Henry William (2003) Open Innovation: The New Imperative for Creating and Profiting From Technology. Harvard Business School Press, Boston/Mass

Combs, James G; Michael, Steven C & Castrogiovanni, Gary J (2004) Franchising: A Review and Avenues to Greater Theoretical Diversity, Journal of Management, 30(6): 907–931

Dacin, Peter A; Dacin, Tina M & Matear, Margeret (2010) Social Entrepreneurship: Why We Don't Need a New Theory and How We Move Forward From Here, Academy of Management Perspectives, 24(3): 37–57

Dart, Raymond (2004) The Legitimacy of Social Enterprise, Nonprofit management and leadership, 14(4): 411–424

Davis, James H; Schoorman, F David & Donaldson, Lex (1997) Toward a Stewardship Theory of Management, Academy of Management Review, 22(1): 20–47

Dees, J Gregory (1998) The Meaning of Social Entrepreneurship Comments and Suggestions Contributed from the Social Entrepreneurship Funders Working Group. Harvard Business School, Boston/Mass

Defourny, Jacques & Nyssens, Marthe (2010) Conceptions of Social Enterprise and Social Entrepreneurship in Europe and the United States: Convergences and Divergences, Journal of Social Entrepreneurship, 1(1): 32–53

Defourny, Jacques & Nyssens, Marthe (2012) The EMES Approach of Social Enterprise in a Comparative Perspective, EMES European Research Network Working Papers, No 12/03

Díaz-Foncea, Millán & Marcuello, Carmen (2012) Social Enterprises and Social Markets: Models and New Trends, Service Business, 6(1): 61–83

Dorado, Silvia (2006) Social Entrepreneurial Ventures: Different Values so Different Process of Creation, No?, Journal of Developmental Entrepreneurship, 11(4): 1–24

Ebers, Mark & Gotsch, Wilfried (1999) Institutionenökonomische Theorien der Organisation, In: Kieser, Alfred & Ebers, Mark (Hrsg): Organisationstheorien. Kohlhammer, Boston/Mass, S 199–251

Emerson, Jed & Twersky, Fay (1996) New Social Entrepreneurs: The Success, Challenge and Lessons of Non-Profit Enterprise Creation. The Roberts Foundation Homeless Economic Fund, San Francisco

Fichtner, Hanno (2008) Unternehmenskultur im Strategischen Kompetenzmanagement. Gabler, Wiesbaden

Friedman, Milton (1970) The Social Responsibility of Business is to Increase its Profits, New York Times Magazine, 13/1970, 32–33

Gergs, Hans Joachim (2011) Ende des Sozialmanagements und Aufstieg des Social Entrepreneurship? Führung sozialer Unternehmen im 21. Jahrhundert, In: Hackenberg, Helga & Empter, Stefan (Hrsg) Social Entrepreneurship – Social Business: Für die Gesellschaft unternehmen, VS Verl, Wiesbaden, S 173–188

Gillis, William & Castrogiovanni, Gary J (2012) The Franchising Business Model: An Entrepreneurial Growth Alternative, International Entrepreneurship and Management Journal, 8(1): 75–98

Guinnane, Timothy W (1997) Regional Organizations in the German Cooperative Banking System in the late 19th Century, Research in Economics, 51(3): 251–274

Hackenberg, Helga & Empter, Stefan (2011) Social Entrepreneurship und Social Business: Phänomen, Potentiale, Prototypen – Ein Überblick. In: Dies (Hrsg) Social Entrepreneurship – Social Business: Für die Gesellschaft unternehmen. VS Verlag für Sozialwissenschaften, Wiesbaden, S 11–26

Hansmann, Henry (1987) Economic Theories of Nonprofit Organization, In: Powell, Walter W (Hrsg) The Nonprofit Sector: A Research Handbook. Yale University Press, New Haven/CT, S 27–42

Heinen, Edmund & Fank, Matthias (1997) Unternehmenskultur: Perspektiven für Wissenschaft und Praxis, 2. Auflage, Oldenbourg, München

Heinze, Rolf G; Schneiders, Katrin & Grohs, Stephan (2011) Social Entrepreneurship im Deutschen Wohlfahrtsstaat: Hybride Organisationen zwischen Markt, Staat und Gemeinschaft, In: Hackenberg, Helga & Empter, Stefan (Hrsg) Social Entrepreneurship – Social Business: Für die Gesellschaft unternehmen. VS Verl, Wiesbaden, S 86–102

Henzler, H A (1999) Gesellschaftliche und ökonomische Entwicklungen als Bedingungen zukünftiger sozialer Arbeit In: Institut für Diakoniewissenschaft (Hrsg) Diakonie – quo vadis? Arbeitsplatz Diakonie im Spannungsfeld von Ökonomie, Ethik und Tarifpolitik. Mülheim adR, S 9–17

Hibbert, Sally A; Hogg, Gillian & Quinn, Theresa (2005) Social Entrepreneurship: Understanding Consumer Motives for Buying The Big Issue, Journal of Consumer Behaviour, 4(3): 159–172

Hockerts, Kai (2006) CaféDirect: Fair Trade as Social Entrepreneurship, In: Perrini, Francesco (Hrsg) The New Social Entrepreneurship: What Awaits Social Entrepreneurial Ventures?. Edward Elgar Publishing, Cheltenham/UK and Northhampton/USA

Institut der Deutschen WIrtschaft (2004) Auf den Schultern der Schwachen: Wohlfahrtsverbände in Deutschland. Deutscher Instituts-Verlag, Köln.

Johnson, Mark W; Christensen, Clayton M & Kagermann, Henning (2008) Reinventing Your Business Model, Harvard Business Review, 86(12): 57–68

Kalnins, Arturs & Mayer, Kyle J (2004) Franchising, Ownership, and Experience: A Study of Pizza Restaurant Survival, Management Science, 50(12): 1716–1728

Light, Paul C (2009) Social Entrepreneurship Revisited, Stanford Social Innovation Review, 7(3): 21–22

Lingane, Alison & Olsen, Sara (2004) Guidelines for Social Return on Investment, California Management Review, 46(3): 116–135

Lührs, Hermann (2006) Kirchliche Arbeitsbeziehungen - Die Entwicklung der Beschäftigungsverhältnisse in den beiden großen Kirchen und ihren Wohlfahrtsverbänden, Wirtschaft und Politik Working Paper, No 33/06, Eberhard Karls Universität, Tübingen

Magretta, Joan (2002) Why Business Models Matter, Harvard Business Review, 80(5): 86–92

Mair, Johanna & Martí, Ignasi (2006) Social Entrepreneurship Research: A Source of Explanation, Prediction, and Delight, Journal of World Business, 41(1): 36–44

Meyer, Dirk (1999) Wettbewerbliche Neuorientierung der Freien Wohlfahrtspflege, Volkswirtschaftliche Schriften, Nr 486, Berlin: Duncker & Humblot

Mintzberg, Henry (1979) The structuring of organizations: A synthesis of the research Englewood Cliffs, Prentice Hall, NJ

Mitchell, Donald & Coles, Carol (2003) The Ultimate Competitive Advantage of Continuing Business Model Innovation, Journal of Business Strategy, 24(5): 15–21

Moos, Gabriele; Klug, Wolfgang (2009) Basiswissen Wohlfahrtsverbände. UTB, Stuttgart

Morris, Michael; Schindehutte, Minet & Allen, Jeffrey (2005) The Entrepreneur's Business Model: Toward a Unified Perspective, Journal of Business Research, 58(6): 726–735

Murphy, Gregory B; Trailer, Jeff W & Hill, Robert C (1996) Measuring Performance in Entrepreneurship Research, Journal of Business Research, 36(1): 15–23

Osterhold, Gisela (2002) Veränderungsmanagement. Gabler, Wiesbaden

Peredo, Ana Maria & McLean, Murdith (2006) Social Entrepreneurship: A Critical Review of the Concept, Journal of World Business, 41(1): 56–65

Perrini, Francesco (2006) The New Social Entrepreneurship: What Awaits Social Entrepreneurial Ventures?. Edward Elgar Publishing, Chelten-ham/UK and Northhampton/USA

Picot, Arnold; Dietl, Helmut & Franck, Egon (2002) Organisation: Eine ökonomische Perspektive, 3 Auflage. Schäffer-Poeschel, Stuttgart

Porter, Michael E (1980) Competitive Strategy: Techniques for Analyzing Industries and Competitors. Free Press, New York

Prabhu, Ganesh (1999) Social Entrepreneurial Leadership, Career Development International, 4(3): 140–145

Puch, Hans-Joachim (2001) Der Sozialmarkt in Deutschland: Die wirtschaftliche und gesellschaftliche Bedeutung sozialer Dienste steigt. Blätter der Wohlfahrtspflege, 148(5): 104–106

Rappa, Michael (2000): Business Models on the Web, Raleigh: North Carolina State University (06.07.2015: http://digitalenterprise.org/models/models.html)

Richardson, James (2008) The Business Model: An Integrative Framework for Strategy Execution, Strategic Change, 17(5): 133–144

Romero González, Rosa María; Gómez, Graciela Lara & Hernández, Amalia Rico (2010) La Empresa Social una Forma de Organización Innovadora, Revista Otra Economia, 4(6): 103–115

Sackmann, Sonja A (2004) Unternehmenskultur: Modetrend oder Wettbewerbsfaktor?, In: Dies. (Hrsg) Erfolgsfaktor Unternehmenskultur. Gabler, Wiesbaden, S 23–42

Sagawa, Shirley; Segal, Eli & EBSCOhost books (2000) Common Interest, Common Good: Creating Values through Business and Social Sector Partnerships. Harvard Business School Press, Boston/Mass

Schein, Edgar H (2010) Organizational Culture and Leadership, 4 Auflage. Jossey-Bass, San Francisco

Schmidt, Siegfried J (2004) Unternehmenskultur: die Grundlage für den wirtschaftlichen Erfolg von Unternehmen, 4. Auflage. Velbrück, Weilerswist

Scholtyseck, Joachim (1999) Robert Bosch und der liberale Widerstand gegen Hitler, 1933 bis 1945. CH Beck, München

Seelos, Christian & Mair, Johanna (2007) Profitable Business Models and Market Creation in the Context of Deep Poverty: A Strategic View, Academy of Management Perspectives, 21(4): 49–63

Shafer, Scott M; Smith, H Jeff & Linder, Jane C (2005) The Power of Business Models, Business Horizons, 48(3): 199–207

Shane, Scott; Locke, Edwin A & Collins, Christopher J (2012) Entrepreneurial motivation, Human Resource Management Review, 13(2): 257–279

Short, Jeremy C; Moss, Todd W & Lumpkin, G T (2009) Research in Social Entrepreneurship: Past Contributions and Future Opportunities, Strategic Entrepreneurship Journal, 3(2): 161–194

Spiegel, Peter (2011) Social Impact Business – Soziale und ökologische Probleme unternehmerisch lösen, In: Hackenberg, Helga & Empter, Stefan (Hrsg) Social Entrepreneurship – Social Business: Für die Gesellschaft unternehmen. Wiesbaden, VS Verl., S 133–146

Statistisches Bundesamt (2013) Statistik der schwerbehinderten Menschen, Wiesbaden, www.destatis.de

Stölzle, Wolfgang (1999) Industrial Relationships. Oldenbourg, München

Studdard, Narathea L & Darby, Roger (2011) Social Entrepreneurship: Managing Strategic Decisions in Social Entrepreneurial Organisations, International Journal of Social Entrepreneurship and Innovation, 1(1): 66–78

Tan, Wee-Liang; Williams, John & Tan, Teck-Meng (2005) Defining the 'Social' in 'Social Entrepreneurship': Altruism and Entrepreneurship, International Entrepreneurship and Management Journal, 1(3): 353–365

Tapscott, Don; Lowy, Alex & Ticoll, David (2000) Digital Capital: Harnessing the Power of Business Webs. Harvard Business School Press, Boston/Mass

Teece, David J (2010) Business Models, Business Strategy and Innovation. Long Range Planning, 43(2): 172–194

Timmers, Paul (1998) Business Models for Electronic Markets. Electronic Markets, 8(2), 3–8

Tracey, Paul & Jarvis, Owen (2007) Toward a Theory of Social Venture Franchising, Entrepreneurship. Theory and Practice, 31(5): 667–685

Trivedi, Chitvan & Stokols, Daniel (2011) Social Enterprises and Corporate Enterprises Fundamental Differences and Defining Features. Journal of Entrepreneurship, 20(1): 1–32

Venkataraman, Sankaran (2002) The Distinctive Domain of Entrepreneurship Research, In: Shane, Scott (Hrsg) Foundations of Entrepreneurship. Edward Elgar Publishing, Cheltenham/UK and Northhampton/USA

Vise, David A & Malseed, Mark (2005) The Google Story. Bantam Dell, New York

Volery, Thierry & Hackl, Valery (2009) The Promise of Social Franchising as a Model to Achieve Social Goals, In: Fayolle, Alain & Matley, Harry (Hrsg.) Handbook of Research on Social Entrepreneurship. Edward Elgar Publishing, Cheltenham/UK and North-hampton/USA, S 157–181

Volkmann, Christine K; Tokarski, Kim Oliver & Ernst, Kati (2012) Background, Characteristics and Context of Social Entrepreneurship, In: Dies. (Hrsg) Social Entrepreneurship and Social Business. Springer, Wiesbaden Gabler, S 3–30

von Müller, Camillo (2010) Raiffeisen Banks. In: International Encyclopedia of Civil Society, 3: 1293–1294

Williamson, Oliver E (1975) Markets and hierarchies: Analysis and antitrust implications: A study in the economics of internal organization. Macmillan, New York

Wilson, Fiona & Post, James E (2013) Business Models for People, Planet (& Profits). Exploring the Phenomena of Social Business, a Market-based Approach to Social Value Creation. Small Business Economics, 40(3): 715–737

Winter, Carsten; Hepp, Andreas & Krotz, Friedrich (2008) Theorien der Kommunikations- und Medienwissenschaft. Grundlegende Diskussionen, Forschungsfelder und Theorieentwicklungen. VS Verl, Wiesbaden

Yunus, Muhammad with Weber, Karl (2007) Creating a World Without Poverty: Social Business and the Future of Capitalism. PublicAffairs, New York

Yunus, Muhammad; Moingeon, Bertrand & Lehmann-Ortega, Laurence (2010) Building Social Business Models: Lessons from the Grameen Experience. Long Range Planning, 43(2): 308–325

Yunus, Muhammad & Weber, Karl (2010) Building Social Business: the New Kind of Capitalism that Serves Humanity's Most Pressing Needs. PublicAffairs, New York

Zahra, Shaker A; Gedajlovic, Eric; Neubaum, Donald O & Shulman, Joel M (2009) A Typology of Social Entrepreneurs: Motives, Search Processes and Ethical Challenges. Journal of Business Venturing, 24(5): 519–532

Zott, Christoph & Amit, Raphael (2008) The Fit Between Product Market Strategy and Business Model: Implications for Firm Performance. Strategic Management Journal, 29(1): 1–26

Zott, Christoph; Amit, Raphael & Massa, Lorenzo (2010) The Business Model: Theoretical Roots, Recent Developments, and Future Research, IESE Business School-University of Navarra Working Paper, No 862

Printed in Great Britain
by Amazon

83423072R10047